À MES ÉLÈVES

L'ECOLE NORMALE

PRIMAIRE

Enseignement musical

Théorie de la musique

Notions Élémentaires d'Harmonie

Théorie et Formules d'accompagnement du plain-chant

Exercices de mécanisme

PAR

Jⁿ EIGENSCHENCK

OFFICIER D'ACADÉMIE.

Professeur de Musique à l'Ecole Normale Primaire de Versailles,
Ancien Organiste de la Cathédrale.

Prix Net, 6ᶠ

PARIS,
LISSARRAGUE, Editeur, Rue Taitbout, 30.

NOTE DE L'AUTEUR.

Cet ouvrage, fruit d'une longue pratique de l'enseignement, a été écrit spécialement à l'usage des élèves-maîtres des écoles normales primaires; il développe le programme d'études musicales qui leur est imposé, programme d'après lequel ces élèves doivent posséder, à leur sortie de l'école, des notions de musique, de Plain-chant et d'harmonie

La 1re Partie, *Théorie de la musique* les mettra à même d'enseigner cet art dans les écoles qui leur seront confiées et de devenir de bons directeur d'Orphéons

La 2me Partie, *Théorie du Plain-chant* les rendra capables de diriger le chant des églises de leur communes et de contribuer à la solennité des offices en formant de bons chantres

La 3me Partie, *Notions élementaires d'harmonie*, leur apprendra les principaux accords, la manière de les employer, les fautes que l'on peut commettre et le moyen de les éviter; elle donnera à ceux qui seraient tentés d'harmoniser une mélodie, qu'elle soit ou non le fruit de leur inspiration, les connaissances nécessaires à cet effet.

Enfin la 4me Partie, *accompagnement du Plain-chant* sur l'orgue leur permettra, avec le secours des notions d'harmonie qu'ils auront puisées dans la troisième partie, d'accompagner d'une manière convenable le chant des offices divins.

Cette méthode peut être utile aux instituteurs qui, sortis ou non des Ecoles normales, doivent se mettre à même de contribuer au développement de l'éducation musicale populaire.

Sans prétendre s'imposer à ceux qui, sous quelque forme que ce soit, se sont voués à l'enseignement de la musique et en répandent le goût dans toutes les classes de la société, elle peut cependant leur être utile, sinon comme guide, au moins comme *memento*; ils y trouveront un résumé de toutes les connaissances théoriques nécessaires au professeur de musique.

J'ai voulu la présenter sous une forme peu volumineuse, et cette raison m'a déterminé a ne mettre dans la première partie, ni solfèges, ni exercices de mesure et d'intonation; on les trouvera dans toutes les méthodes qui ont paru jusqu'à ce jour.

Cette ouvrage m'était demandé depuis longtemps par les élèves maîtres de l'école normale primaire de Versailles, ou je professe la musique depuis plus de trente ans.

Je me décide enfin à le publier.

J'ai été assez heureux pour que les instuteurs qui sont sortis de cette école aient conservé de moi un bon souvenir; qu'ils me permettent de profiter de cette occasion pour leur en témoigner ici ma vive reconnaissance, et pour leur dire que j'ose espérer qu'ils voudront bien me donner une nouvelle preuve d'estime et d'amitié, en prenant cette méthode sous leur patronage.

COURS DE MUSIQUE.

NOTIONS THÉORIQUES.

N.° 1.   ### DÉFINITION DE LA MUSIQUE.
ses principaux éléments.

La musique est l'art d'émettre ou de produire des sons, au moyen de la voix ou d'un instrument, en les combinant d'une manière agréable à l'oreille.

La musique est vocale et instrumentale; les sons musicaux sont le produit des vibrations de l'air ou d'un corps sonore.

L'Étude de la musique contient trois éléments principaux: l'Intonation des sons, leur Durée et leur Amplitude.

l'Intonation renferme
1.° l'étude des intervalles.
2.° les types ou modes, leur point de départ ou tons.
3.° l'alternance des modes et des tons, c'est-à-dire les modulations.

la Durée renferme
1.° la mesure ou les sons jalons.
2.° la durée d'une mesure.
3.° le temps ou l'unité de durée, et la division du temps.

l'Amplitude renferme
1.° l'expression.
2.° l'étendue ou intensité.
3.° l'amplification ou la modification.

Les sons se divisent en graves et aigus; la gravité ou l'acuité des sons se détermine par le rapport des uns avec les autres, ainsi la voix des hommes est plus grave que celle des femmes et des enfants.

Les sons diffèrent: — 1.° par le timbre — 2.° par l'intonation — 3.° par la durée 4.° par l'intensité.

1.° Le Timbre est la qualité propre à chaque voix ou à chaque instrument, ainsi le timbre des voix de femmes diffère de celui des hommes par son acuité; le timbre du violon ou de la contrebasse ne peut se confondre pour l'oreille avec celui de la flûte ou de l'ophicléide. etc.

2.° L'Intonation est le degré de gravité ou d'acuité donné par le chanteur ou l'instrumentiste aux sons musicaux.

On appelle monter, passer du grave à l'aigu, et descendre, passer de l'aigu au grave

La justesse pour les voix consiste à s'assurer du point de départ et à atteindre le degré indiqué avec une grande précision. On appelle chanter faux, rester au dessous du son indiqué ou le dépasser.

Pour les instruments à sons fixes la justesse consiste à poser exactement les doigts à la place qui convient à tel ou tel son. Dans les instruments à vent, la pression des lèvres sur l'embouchure peut modifier en bien ou en mal la nature des sons.

Les instruments à cordes présentent plus de difficultés que les autres pour arri‑
ver à la justesse des sons, puisque cette justesse dépend absolument de la position
des doigts sur la corde et qu'une grande habitude seule peut donner l'acquit nécessaire.

3°. La durée des sons est avec l'intonation l'élément musical le plus important.
Son étude consiste en l'observation rigoureuse des différentes valeurs de notes, de la
mesure et de sa division.

4°. L'intensité est le degré de force des sons. Cette intensité augmente ou dimi‑
nue en raison de l'amplitude des vibrations, de la sonorité des objets environnants
et du plus ou moins d'éloignement des auditeurs.

N.° 2. NOTATION ANCIENNE ET MODERNE.

Les sons principaux que la voix ou l'instrument peuvent produire sont au nom‑
bre de sept qui se répètent, soit au grave soit à l'aigu, dans un ordre identique.
Dans le principe ces sons ont pris le nom des sept premières lettres de l'alphabet,
A. B. C. D. E. F. G. La première série était représentée par des majuscules, la secon‑
de par des minuscules, a. b. c. d. e. f. g. et la troisième par des minuscules doubles,
aa. bb. cc. dd. ee. ff. gg. ces trois séries suffisaient aux exigences de l'époque.

Vers le 12.° siècle, Gui d'Arezzo ayant remarqué que l'air, sur lequel on chan‑
tait alors l'hymne des premières Vêpres de S.t Jean‑Baptiste, s'élevait successive‑
ment d'un degré sur les syllabes ut ré mi fa sol la dans la 1.re Strophe,

> *Ut* queant laxis
> *Re*sonare fibris
> *Mi*ra gestorum
> *Fa*muli tuorum
> *Sol*ve polluti
> *La*bii reatum
> Sancte Johannes

se servit de cet air comme moyen mnémonique pour graver dans la mémoire de
ses élèves l'intonation des six sons.

> C. D. E. F. G. A.
> ut ré mi fa sol la

De là nous est venu l'usage de nommer ainsi les sons; pendant longtemps en‑
core, la lettre B conserva son nom par la raison qu'elle subissait, selon la for‑
me qui lui était donnée ♭ ou ♮ be mol ou ♮ carré, une modification de son.

Ce ne fut que beaucoup plus tard que les progrès de l'art musical ayant fait su‑
bir aux autres sons des modifications semblables à celle de la lettre B, on en vint
à l'appeler Si.

Dénomination qui doit lui être venue des initiales Sancte Johannes S. J.

Lorsque les sons n'ont plus été représentés par les lettres de l'alphabet, ils ont
pris le nom de notes, et ils forment une échelle ascendante et descendante.

Ces notes, dont la figure varie selon leur durée, se placent sur et entre des li‑
gnes horizontales, dont la réunion se nomme portée.

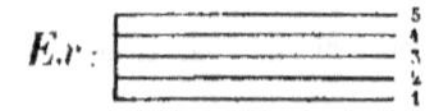

Ces lignes se comptent de bas en haut.

La portée était autrefois de onze lignes; ce qui permettait de distinguer, par le plus ou le moins d'élévation des notes sur cette grande portée, pour quels timbres de voix elles étaient écrites; mais on était encore dans l'enfance de l'art, et comme il était assez difficile de distinguer promptement ces notes d'après leur position, on avait trouvé plus simple d'écrire à la gauche des lignes et des interlignes le nom qu'elles devaient porter.

Exemple:

Maintenant les onze lignes ne sont plus en usage, et la portée est réduite à cinq lignes qui se comptent de bas en haut et auxquelles on en ajoute de petites à l'aigu ou au grave lorsqu'elles sont insuffisantes.

Exemple:

N.º 3.　　　　CLEFS, PORTÉE.

Lorsque, pour faciliter la lecture musicale, la portée s'est trouvé réduite à cinq lignes, on a dû pour fixer la position des notes et indiquer le genre de voix, se servir de signes nommés clefs.

Ces clefs sont au nombre de sept qui selon leur forme et leur nom déterminent la place d'une des notes de l'échelle musicale. Il y en avait huit autrefois, mais la huitième, celle de Sol sur la première ligne de la portée donnant les mêmes résultats que la clef de Fa 4.ª ligne, on a pu la supprimer.

FORME ET POSITION DES SEPT CLEFS CONSERVÉES.

Ainsi la clef de Sol fixe la position du *Sol* sur la 2.ª ligne de la portée; les clefs de Fa, la position de *Fa* sur les 4.ª et 3.ª lignes; et la clef d'Ut, la position de l'*Ut* sur les 1.ªª 2.ª 3.ª et 4.ª lignes.

Les autres notes de l'échelle musicale se trouvent alors déterminées selon leur position ascendante ou descendante et selon la distance qui les sépare sur la portée de celle indiquée par la clef.

TABLEAU DE LA POSITION DES NOTES SUR LES DIFFÉRENTES CLEFS.

Pour rendre plus facile l'étude élémentaire de la musique vocale, on se sert seulement de deux clefs: celle de Sol pour les voix aiguës et celle de Fa sur la 4ᵉ ligne pour les voix graves.

RAPPORT DES CLEFS DE SOL D'UT ET DE FA
SUR LA GRANDE PORTÉE DE ONZE LIGNES.

PORTÉES ET CLEFS DES INSTRUMENTS À CLAVIERS.

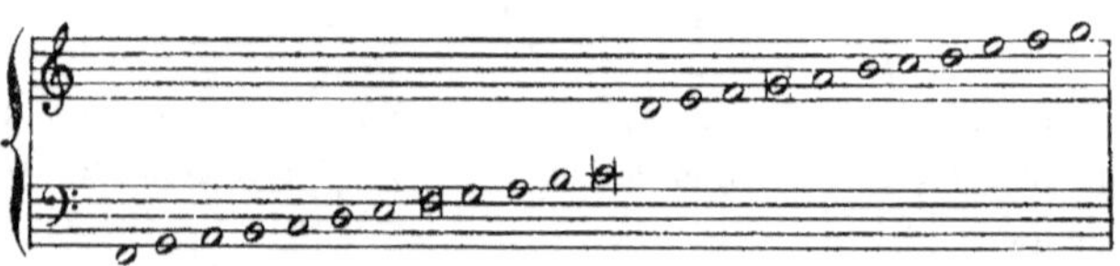

Il est facile d'y retrouver la portée de onze lignes et le rapport des trois clefs de Sol, d'Ut et de Fa du tableau précédent.

TABLEAU DE LA POSITION QUE LES DIFFÉNTES CLEFS ASSIGNENT AUX NOTES
EN RÉDUISANT À CINQ LE NOMBRE DES LIGNES.

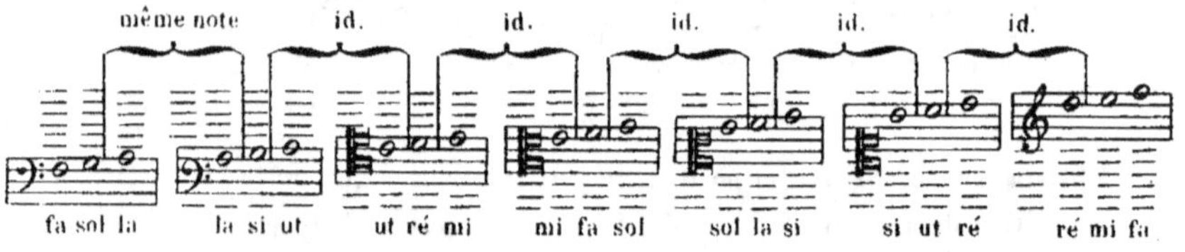

N.º 4.   VALEUR DES NOTES. SILENCES, POINTS.
division binaire, division ternaire.

Les notes n'ayant pas toutes une durée égale, on leur a donné une forme et une figure qui permettent d'en apprécier la valeur, et on les nomme ainsi ○ ronde ♩ blanche ♩ noire, ♪ croche, ♪ double croche, ♪ triple croche, ♪ quadruple croche.

La ronde à la plus longue durée. La valeur des notes suivantes diminue suc_cessiment de moitié ainsi la ronde vaut 2 blanches, la blanche 2 noires, la noire 2 croches, la croche 2 doubles croches et ainsi de suite.

TABLEAU DES VALEURS DE NOTES.

La   ronde   O   vaut   2 ♩, 4 ♪, 8 ♪, 16 ♪, 32 ♪, 64 ♪,

La   blanche   ♩   vaut   2 ♩, 4 ♪, 8 ♪, 16 ♪, 32 ♪,

La   noire   ♩   vaut   2 ♪, 4 ♪, 8 ♪, 16 ♪,

La   croche   ♪   vaut   2 ♪, 4 ♪, 8 ♪,

La double croche ♪   vaut   2 ♪, 4 ♪,

La triple croche ♪   vaut   2 ♪,

Lorsque plusieurs croches, double croches ou triple croches se trouvent à la suite l'une de l'autre, on simplifie l'écriture en remplaçant les crochets de ces notes
par autant de barres les liant ensemble.

SILENCES.

On nomme silences des signes qui remplacent les notes et pendant la durée
desquels les voix ou les instruments cessent de se faire entendre. Ces silences dont
la figure varie, selon leur durée, sont en nombre égal à celui des notes et ont la
même valeur que la note dont ils prennent la place.

La pause est le silence de	la ronde.
La demi-pause	»	la blanche.
Le soupir	»	la noire.
Le demi-soupir	»	la croche.
Le quart de soupir	»	la double croche.
Le huitième de soupir	»	la triple croche.
Le seizième de soupir	»	la quadruple croche.

FIGURE DES SILENCES.

Pause.	demi pause.	Soupir.	demi soupir.	¼ de soupir.	⅛ de soupir.	1/16 de soupir.

Point altératif des valeurs de notes.

Comme on vient de le voir au tableau des valeurs de notes, la ronde vaut 2 blanches 4 noires etc, la blanche 2 noires 4 croches 8 doubles croches etc. et ainsi
de suite pour toutes les autres; en un mot c'est une note quelconque prise pour unité
et divisée par deux ou les multiples de deux, c'est pour mieux dire la division binaire et ses produits. Il est probable que pendant longtemps cette division a suffi aux be-
soins de la musique, ce qui explique le tableau précédent des valeurs des notes.

L'art musical s'étant développé et la division binaire ne lui suffisant plus, il a fallu
pour obtenir la division ternaire modifier la valeur des notes et dans ce but on a placé
à la droite de chacune d'elles un point qui l'augmente de la moitié de sa valeur. Ainsi
une ronde vaut 2 blanches (division binaire) une ronde pointée O • vaut 3 blanches
(division ternaire) une noire vaut 2 croches (division binaire) une noire pointée ♩ • vaut
3 croches (division ternaire)

TABLEAU DES VALEURS DE NOTES (division ternaire)

La ronde	o.	vaut	3	♩	6	♪	12	♪	24	♪	48	♪	96	♪
La blanche	♩.	»	3	♩	6	♪	12	♪	24	♪	48	♪		
La	♩.	»	3	♪	6	♪	12	♪	24	♪				
La	♪.	»	3	♪	6	♪	12	♪						
La	♪.	»	3	♪	6	♪								
La	♪.	»	3	♪										

Le point se place également après les silences et son influence sur ceux-ci est la même que sur les notes.

On ajoute quelquefois un second point à la suite du premier. Ce second point n'augmente plus la note que du quart de sa valeur première.

Ainsi une ♩. vaut trois croches, une ♩.. vaut trois croches plus une double cro_ che; une ♩. vaut trois noires ou 6 croches, une ♩.. vaut 3 noires plus 1 croche ou 7 croches.

Pour résumer ce qui vient d'être dit la division binaire est le produit des valeurs ordinaires des notes, et la division ternaire, le produit de ces mêmes valeurs modi_ fiées par l'emploi du point.

N.º 5. GAMME. (origine du mot)

gammes harmonique et mélodique. Harmonie, mélodie.

La lettre G se nommant gamma en grec a donné son nom à une série de huit no_ tes. Les sept sons étaient représentés par les lettres a b c d e f g. En répétant au grave de la série la lettre g, on a obtenu les huit notes g a b c d e f g, et on leur a donné le nom de gamme, parce que les première et dernière notes étaient g ou gamma. Le mot gamme a servi depuis à désigner toute série composée de huit no_ tes consécutives, quelque soit le point de départ.

GAMMES HARMONIQUE ET MÉLODIQUE.

En tendant une corde sur un corps sonore, et en la frottant vivement au moyen d'un archet, on en obtient des vibrations, qui produisent un son d'une certaine intensité.

Ce son principal en produit lui même deux autres beaucoup plus faibles que l'on nomme ses harmoniques. Leur faiblesse est en raison de leur éloignement du son principal; l'un étant à distance de 12ᵉ et l'autre de 17ᵉ ainsi: étant donné *Fa* com_ me son principal, ses harmoniques sont la 17ᵉ *La* et la 12ᵉ *Ut*, ou bien en rappro_ chant les distances *Fa* la ut. En prenant ensuite *Ut* comme son principal, on obtient ses harmoniques mi et sol, *Ut* mi sol. Enfin *Sol* pris à son tour comme son principal a pour harmoniques si et ré, *Sol* si ré. Le résultat de ces trois sons principaux, est la gamme harmonique: fa la ut mi sol si ré.

Il est facile de remarquer que dans cette gamme dite harmonique, parce qu'elle est en musique la base de la science de l'harmonie, les notes se trouvent toutes à distance de tierce, qu'elles sont au nombre de sept, et qu'en les rapprochant à distance de seconde, on a la gamme mélodique, ut ré mi fa sol la si ut.

La mélodie est l'art de grouper les sons par phrases musicales, de manière que ces sons émis successivement flattent l'oreille et se gravent aisément dans la mémoire. L'harmonie est la science des accords; on nomme accords plusieurs sons différents qui produits simultanément, s'accordent entre eux.

En étudiant les gammes harmonique et mélodique, on voit que la première prête naturellement son concours à la seconde pour produire des effets multiples, mais que cette dernière, beaucoup plus facile à chanter, offre par la variété des intervalles qu'elle renferme des ressources infinies à la mélodie.

N.º 6. INTERVALLES PROGRESSIONS.

En examinant une gamme, celle par exemple qui commence par ut:

ut ré mi fa
sol la si ut

on reconnait qu'il y a une certaine distance entre chacune des notes qui la composent. Cette distance se nomme intervalle.

On nomme intervalle de seconde la distance d'une note à celle qui la suit ou la précède immédiatement ainsi: *Ut Ré*, *Ré Mi*, *Mi Fa*, *Fa Sol*, *Sol La*, *La Si*, *Si Ut*, forment une succession de secondes.

On nomme intervalles, de *Tierce* la distance d'une note à sa troisième,
de *Quarte* la distance d'une note à sa quatrième.
de *Quinte* » » » cinquième.
de *Sixte* » » » sixième.
de *Septième* » » » septième.
d'*Octave* » » » huitième.

TABLEAU DES INTERVALLES CONTENUS DANS LA GAMME.

Octave.	UT	RÉ	MI	FA	SOL	LA	SI	7 Octaves.
Septième.	SI	UT	RÉ	MI	FA	SOL	LA	7 Septièmes.
Sixte.	LA	SI	UT	RÉ	MI	FA	SOL	7 Sixtes.
Quinte.	SOL	LA	SI	UT	RÉ	MI	FA	7 Quintes.
Quarte.	FA	SOL	LA	SI	UT	RE	MI	7 Quartes.
Tierce.	MI	FA	SOL	LA	SI	UT	RÉ	7 Tierces.
Seconde.	RÉ	MI	FA	SOL	LA	SI	UT	7 Secondes.
	UT	RÉ	MI	FA	SOL	LA	SI	

49 intervalles.

PROGRESSION.

On nomme progression la répétition d'un même intervalle à partir des différents degrés de la gamme. *Exemples:*

Ut Ré, *Ré Mi*, *Mi Fa*, etc. progression de secondes.
Ut Sol, *Ré La*, *Mi Si*, etc. progression de quintes.
Ut Mi, *Ré Fa*, *Mi Sol*, etc. progression de tierces.

N.° 7.   ANALYSE DES INTERVALLES DE LA GAMME.

Intervalles majeurs et mineurs.

La seconde étant le plus petit des intervalles de la gamme, voici la manière de l'analyser et de voir si toutes les secondes sont semblables?

Ecrivons en regard l'une de l'autre les deux séries de notes, ut ré mi fa sol la et sol la si ut ré mi; en les notant de bas en haut et en les solfiant en montant et en descendant, on remarque que ces deux séries donnent exactement le même air. Il faut conclure de là que *ut ré* égale *sol la*, *ré mi*, *la si*, et *fa sol*, et que *mi fa*, est égal à *si ut*, mais diffère des secondes précédentes.

En chantant *mi fa* et *ut ré* l'un après l'autre, on sentira facilement que les deux notes *mi fa* sont plus près l'une de l'autre que les notes *ut ré*; on en conclura que les secondes sont de deux espèces dites majeures et mineures, et et qu'il y a cinq secondes majeures et deux mineures.

Tous les autres intervalles de la gamme sont également majeurs ou mineurs et comme ils sont le produit des secondes superposés, la qualité de ces secondes déterminera la nature de ces intervalles.

Par suite de cette observation nous remarquerons que dans le tableau qui va suivre, les intervalles de seconde mineure seront de moitié plus rapprochés que les intervalles de seconde majeure.

TABLEAU DES INTERVALLES MAJEURS ET MINEURS CONTENUS DANS LA GAMME.

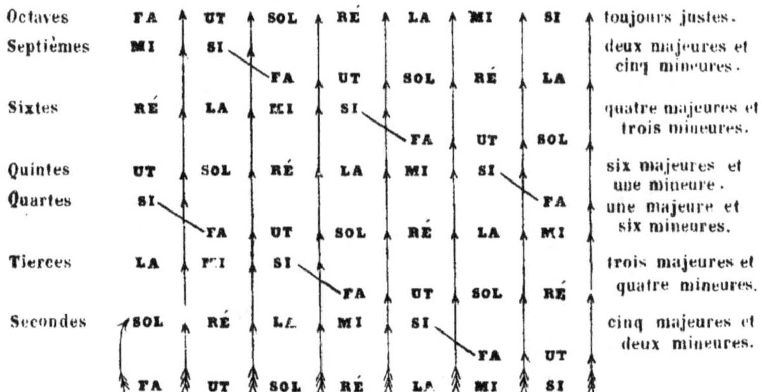

La tierce est majeure quand les deux secondes qui la forment sont majeures, elle est mineure quand une de ces deux secondes est mineure.

La quarte (superposition de trois secondes) est majeure quand les trois secondes sont majeures, et mineure quand une de ces secondes est mineure.

La quinte (superposition de quatre secondes) est majeure quand il ne s'y trouve qu'une seconde mineure. Elle est mineure lorsqu'elle contient les deux secondes mineures.

La sixte (superposition de cinq secondes) est majeure quand elle ne contient qu'une seconde mineure, et mineure lorsqu'elle en contient deux.

La septième (superposition de six secondes) est majeure lorsqu'elle ne con. tient qu'une seconde mineure, et mineure lorsqu'elle en contient deux.

L'octave est toujours juste et ne peut être ni majeure ni mineure puisqu'elle contient les cinq secondes majeures et les deux mineures.

N.º 8. COMPLÉMENT ET RENVERSEMENT DES INTERVALLES.
Intervalles simples, redoublés et triplés.

On nomme complément la distance qu'il faut franchir en montant pour com. pléter l'étendue d'une octave.

Exemples.

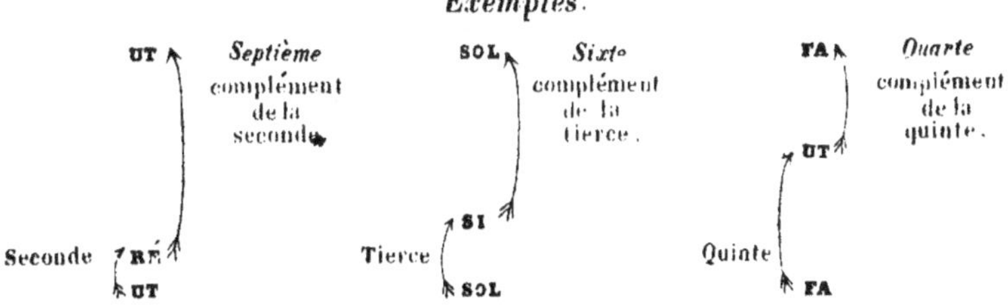

On nomme renversement l'opération contraire.

Exemples.

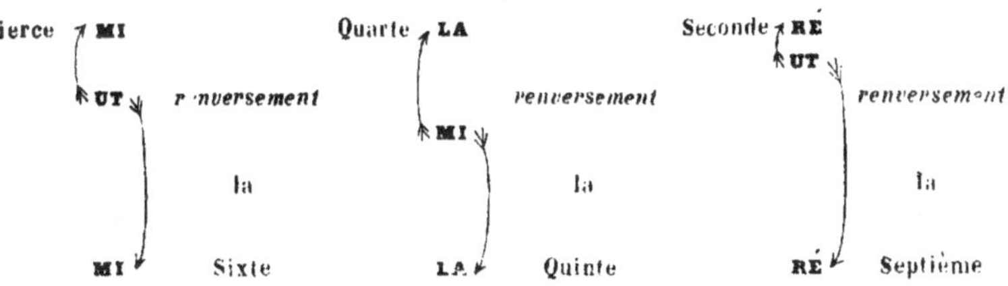

Pour trouver promptement le complément ou le renversement de l'intervalle connu, il suffit de compléter le nombre neuf. ainsi le renversement ou com. plément de la tierce est la sixte (6 et 3 font 9) le complément ou renversement de la quinte est la quarte (5 et 4 font 9) etc.

Tout intervalle majeur a pour complément ou renversement un intervalle mineur.

Tout intervalle mineur a pour complément un intervalle majeur.

Tout complément d'un intervalle juste (l'octave) reste juste.

La sixte majeure a pour complément la tierce mineure.

Là seconde mineure a pour renversement la septième majeure.

L'octave (toujours juste) a pour complément l'unisson qui, par le fait, ne peut pas être considéré comme intervalle.

On nomme intervalles *simples* ceux qui ne dépassent pas l'étendue d'une octave, *redoublés* ceux qui la dépassent et *triplés* ceux qui dépassent l'étendue de deux octaves

Tous les intervalles simples viennent d'être analysés. ce sont: les seconde, tier_ ce, quarte, quinte, sixte, septième et octave.

12

Les intervalles redoublés sont les neuvième, dixième, onzième, douzième, treizième, quatorzième et quinzième.

Les intervalles triplés sont les seizième, dix septième, dix huitième, dix neuvième etc.

TABLEAU DES INTERVALLES SIMPLES- REDOUBLÉS ET TRIPLÉS.

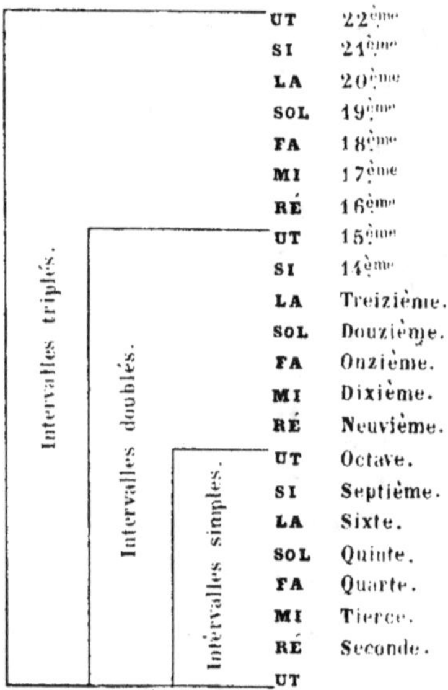

Les intervalles redoublés et triplés sont, comme les intervalles simples, majeurs et mineurs, et leur analyse est très facile lorsqu'on s'est bien rendu compte de leur nature.

En examinant le tableau précédent on voit que tous les intervalles redoublés ou triplés ne sont que la répétition à l'aigu des intervalles simples, ainsi la seconde (intervalle simple) est répétée à l'aigu par la neuvième (intervalle doublé) ou par la seizième (intervalle triplé) la nature de ces derniers est donc la même, si la seconde est majeure les neuvième et seizième le sont également, si elle est mineure les autres sont mineures.

Cette règle est absolue et s'applique à tous les intervalles redoublés et triplés.

Pour appliquer cette règle et apprécier facilement la nature (majeure ou mineure) de tout intervalle redoublé ou triplé, il faut soustraire du nombre qui le caractérise autant de fois 7 que ce nombre le contient; le reste est la somme de l'intervalle simple.

Ainsi retranchez de la dixième le nombre 7, vous retrouvez la tierce; si cette tierce est mineure, la dixième l'est également.

Retranchez de la dix-septième deux fois sept ou 14, vous retrouvez la tierce (intervalle simple) que vous analysez et qui vous indique, par similitude, la nature de la dix-septième.

N.º 9. SIGNES ALTÉRATIFS.

Dièzes, bémols, bécarres,
Dièzes et bémols constitutifs et accidentels.

Le *Dièze* ♯ est un signe que l'on place à la gauche d'une note et qui l'élève d'une seconde mineure (un demi-ton) le mot dièze vient du grec et signifie division.

Le *Bémol* ♭ est un signe qui baisse la note devant laquelle on le met d'une seconde mineure (un demi-ton) l'origine du mot bémol a été indiquée précédemment.

Nota: C'est à tort que l'on substitue aux mots *seconde majeure* et *seconde mineure* les mots *ton* et *demi-ton*. Le mot *ton* trouvera plus tard son emploi d'une manière logique et dans un sens tout différent de celui-ci.

Le *Bécarre* ♮ est un signe qui détruit l'effet du dièze ou du bémol en rendant à la note son ton naturel (voir précédemment l'origine du mot bécarre)

Le Dièze rend majeures les secondes mineures en montant, *Ex.* mi fa seconde mineure, mi fa ♯ seconde majeure; et mineures les secondes majeures en descendant, *Ex.* sol fa seconde majeure, sol fa ♯ seconde mineure.

Les Bémols produisent l'effet contraire, *Ex.* en montant, la si seconde majeure, la si ♭ seconde mineure; en descendant, fa mi seconde mineure, fa mi ♭ seconde majeure.

Le *Double dièze* ♯ ou ✕ élève la note d'une seconde majeure; pour en détruire entièrement l'effet le ♮ suffit, mais pour n'en détruire que la moitié l'on doit mettre ♮ ♯

Le *Double bémol* ♭♭ baisse la note d'une seconde majeure; l'effet entier est détruit par le ♮, l'effet partiel par le ♮♭.

Les Dièzes et les Bémols sont accidentels ou constitutifs.

Lorsqu'ils sont accidentels, ils se placent devant la note qu'ils doivent affecter et n'agissent que sur elle et les semblables qui peuvent se rencontrer entre deux barres dites barres de mesure.

Lorsqu'ils sont constitutifs, ils se placent en tête de la portée et agissent sur les notes qu'ils affectent pendant toute la durée du morceau. Le bécarre n'en détruit l'effet que momentanément, c'est-à-dire pour la note devant laquelle il est placé et les semblables d'une même mesure. On les nomme constitutifs parce qu'ils fixent le point de départ d'une nouvelle gamme.

EXEMPLES DE L'EMPLOI DES SIGNES ACCIDENTELS ET CONSTITUTIFS.

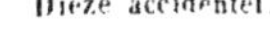
Dièze accidentel. Dièzes constitutifs. Bémol accidentel. Bémols constitutifs.

emploi du bécarre pour détruire l'effet des dièzes et bémols accidentels.

N.º 10. MODES MAJEUR ET MINEUR. LEUR ORIGINE.
Différence constitutive entre les deux modes.

Dans le système moderne on n'admet en musique que deux modes: le majeur et le mineur.

Le *Plain chant*, dont les traditions et l'usage ont été conservés dans l'église catholique, a précédé la musique moderne, et lui a fourni ses principaux éléments.

Les sept notes formaient en plain chant sept modes différents, selon que l'une d'elles leur servait de point de départ et en fixait l'étendue.

De ces sept modes la musique moderne a conservé les deux modes d'*ut* et de *la* qui diffèrent entr'eux. En effet les quatre notes supérieures de la gamme d'*ut*, sol la si ut se présentent dans le même ordre et produisent le même air que ut ré mi fa. On a donné à cette gamme le nom de *mode majeur*.

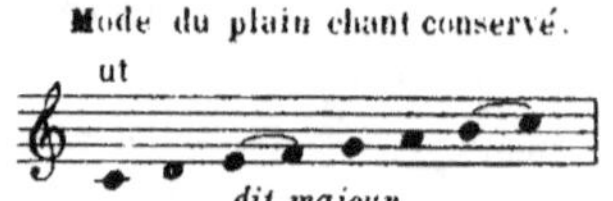

Ce mode de *la* qui fait éprouver à l'oreille et qui produit des sensations d'un tout autre genre que le mode précédent, a pris le nom de *mode mineur*. On lui a fait subir en l'adoptant une légère modification.

Dans la *gamme majeure d'ut* tirée intégralement du plain chant, la 7.ᵉ note *si* se trouve à une seconde mineure de la 8.ᵉ ou *tonique*, et par sa proximité de celle-ci vous force en quelque sorte à venir vous y reposer.

Dans le *mode mineur* de *la* la 7.ᵉ note *sol* se trouve à une seconde majeure de la 8.ᵉ ou tonique, et comme par ce fait elle produit un effet vague et indécis, au moyen du dièze placé devant le *sol* on a élevé cette note; elle fait alors une seconde mineure avec le *la* ou tonique, et, comme dans le mode majeur, implique la nécessité d'un repos sur cette dernière.

On nomme tonique la 1.ʳᵉ note d'une gamme.

Dans le mode majeur la 1.ʳᵉ tierce ut mi est majeure.

Dans le mode mineur la 1.ʳᵉ tierce la ut est mineure.

C'est la seule raison de leur dénomination, car l'analyse des deux gammes prouve qu'elles contiennent toutes deux les cinq secondes majeures et les deux mineures qui constituent l'étendue de l'octave.

Le mode majeur se prête par sa nature aux effets brillants, vifs et gais; le mode mineur aux sensations douces et aux effets tristes et tendres.

N. 11.   MESURE, TEMPS.

Valeurs de notes prises pour unités de temps.
sons articulés, prolongés; syncopes et contretemps.

On appelle *mesure* le fait de déterminer au moyen de sons jalons, qui se re_produisent à intervalles égaux, le contenu d'une mesure. Le mot intervalle est pris ici dans le sens de durée. on appelle une mesure les notes contenues entre deux barres perpendiculaires. on nomme temps la division de la mesure. Il y a des mesures à deux, à trois et à quatre temps. Les sous jalons se nomment *temps forts,* les autres *temps faibles.*

Dans la mesure à deux temps, le premier (son jalon) est fort, le deuxième est faible.

Dans la mesure à trois temps, le premier (son jalon) est fort, les deux autres sont faibles.

Dans la mesure à quatre temps, qui n'est véritablement que la réunion de deux mesures à deux temps, le premier et le troisième sont forts, les deuxième et qua_trième faibles.

On appelle *battre la mesure* l'action d'indiquer au moyen de la main, par des mouvements égaux en durée, le nombre de temps que cette mesure contient.

La mesure à deux temps se marque par deux mouvements de la main, le 1.er en bas le 2.e en l'air.

Figure des deux
mouvements.

2.e temps.

1.er temps.

La mesure à 3 temps, trois mouvements: le 1.er en bas, le 2.e à droite et le 3.e en l'air.

Figure des 3 mouvements.

La mesure à 4 temps, quatre mouvements: le 1.er en bas, le 2.e à gauche, le 3.e à droite et le 4.e en l'air

Figure de ces mouvements.

Pour bien battre la mesure il faut une grande précision. Le mouvement de la main au moment où elle passe d'un temps à un autre doit se faire très prompte_ment. Les temps forts doivent être marqués plus énergiquement que les autres

La valeur de note prise pour exprimer la durée d'un temps s'appelle unité de temps. Les ronde, blanche, noire, croche et double croche peuvent être prises pour unités de temps et alors chaque mesure doit contenir ces notes ou leur équivalent autant de fois qu'elle contient de temps.

La noire est prise, le plus souvent, comme unité, et il serait à désirer qu'elle le fut toujours; la blanche et la croche le sont moins souvent, la ronde et la double croche rarement.

On appelle: *sons articulés* les sons que l'on articule au commencement de chaque temps ou de ses divisions; *sons prolongés* ceux qui se prolongent d'un temps a un ou plusieurs autres, et *syncope* ou *sons syncopés* tout son, qui articulé, ou commen_cé sur un temps faible se prolonge sur un temps fort.

Dans le 3.e exemple la blanche de la 1.re mesure est une syncope. Le son de cette note commence sur le 2.e temps qui est faible et se prolonge sur le 3.e qui est fort. La noire qui termine la 1.re mesure et dont le son se prolonge dans la suivante est une syncope puisqu'elle commence sur le 4.e temps qui est faible et se prolonge sur le premier temps qui est fort.

Quand une syncope passe d'une mesure a une autre on la reconnait par la liaison qui unit les deux notes semblables; quand elle est contenue dans l'intérieur de la mesure la valeur de note qui la représente l'indique.

On appelle *contretemps* tout son qui commence sur la 2.e moitié d'un temps et se prolonge sur la 1.re moitié d'un autre ce sont de petites syncopes, la seconde moitié d'un temps étant considérée comme plus faible que la première.

EXEMPLE DE CONTRETEMPS.

AUTRES EXEMPLES DE CONTRETEMPS.

Ici les temps forts ont des silences et les temps faibles des sons articulés.

N.° 12.   DIVISIONS BINAIRE ET TERNAIRE DU TEMPS.

triolets, sextolets, divisions mixte, barres de mesure, barre double, mesures simples et composées.

La Division est binaire lorsque la note prise pour unité se divise par deux, ou ses multiples. Voir au N.° 4, le tableau des valeurs de notes (division binaire)

La Division est ternaire lorsque la note prise pour unité se divise par trois, ou ses multiples. Voir au N.° 4, le tableau des valeurs de notes (division ternaire)

Lorsque, dans un morceau de musique, la division du temps est binaire, on peut y introduire le genre ternaire sans modifier la valeur de l'unité, mais alors on nomme *triolet* les trois notes que l'on fait passer à la place de deux,

Sextolet les six notes qui se substituent à quatre, et on les surmonte d'un arc de cercle placé au dessus avec le chiffre 3 ou 6. *Exemple:*

L'emploi simultané des deux divisions binaire et ternaire prend quelquefois le nom de genre mixte. Comme les sons jalons n'indiquent pas aux yeux la séparation des mesures, on a adopté, comme il a été dit déjà, les petites barres simples que l'on nomme *barres de mesures.*

Lorsqu'une de ces barres est double, elle indique, non plus la fin d'une mesure, mais celle du morceau ou d'une de ses parties. *Exemple:*

Au moyen de signes de convention, l'on indique, au commencement de chaque morceau, si la mesure est à deux, trois ou quatre temps, et si la division de ces temps est binaire ou ternaire.

On nomme *mesures simples* celles dont la division du temps est binaire, et *mesures composées* celles dont la division est ternaire. Toutes les mesures composées derivent des mesures simples.

N.º 13.   SIGNES DE MESURE.
chiffres fractionnaires, fonctions des numérateur et dénominateur; numérateurs pairs et impairs.

Les signes de mesures sont le **C**, le **¢** barré, ou des chiffres fractionnaires, tels que $\frac{2}{4} \frac{3}{4} \frac{6}{8} \frac{9}{8}$ etc. Le **C** est le signe de la mesure à quatre temps, une noire par temps (division binaire) le **¢** barré de la mesure à deux temps, une blanche par temps. (division binaire) Dans ces deux mesures le **C** équivaut à quatre noires ou deux blanches. Lorsque la mesure est marquée par des chiffres fractionnaires, la fraction $\frac{2}{4}$ indique deux quarts de ronde ou deux noires, la noire étant le quart de la ronde. la fraction $\frac{3}{4}$ indique trois quarts de ronde, trois noires, et ainsi pour les autres.

Le numérateur sert à reconnaître le nombre des notes contenus dans une mesure et le dénominateur la valeur de ces notes par rapport à la ronde. Le numérateur sert aussi à désigner le nombre de temps contenus dans la mesure.

Les numérateurs sont de deux espèces, pairs ou impairs. Pairs, ils indiquent la mesure à quatre temps, s'ils sont divisibles par quatre, et celle à deux temps s'ils ne sont divisibles que par deux; le numérateur 12 divisible par quatre, mesure à quatre temps; le numérateur 6 non divisible par 4, mesure à deux temps. Impairs, ils indiquent toujours la mesure à trois temps; le numérateur 3 (chiffre impair) mesure à trois temps; le numérateur 9 (chiffre impair) mesure à trois temps.

Il ne faut pas oublier que l'unité de temps peut être représentée par la ronde, la blanche, la noire, la croche et la double croche pour la division binaire et par la 𝅝. la 𝅗𝅥. la 𝅘𝅥. la ♪. et la ♬. pour la division ternaire.

N.º 14.   TABLEAUX DES DIVERSES MESURES.

avec les divisions binaire et ternaire du temps. mesures usitées.

Mesures possibles en prenant pour unité de temps les ronde. blanche, noire, croche ou double croche.

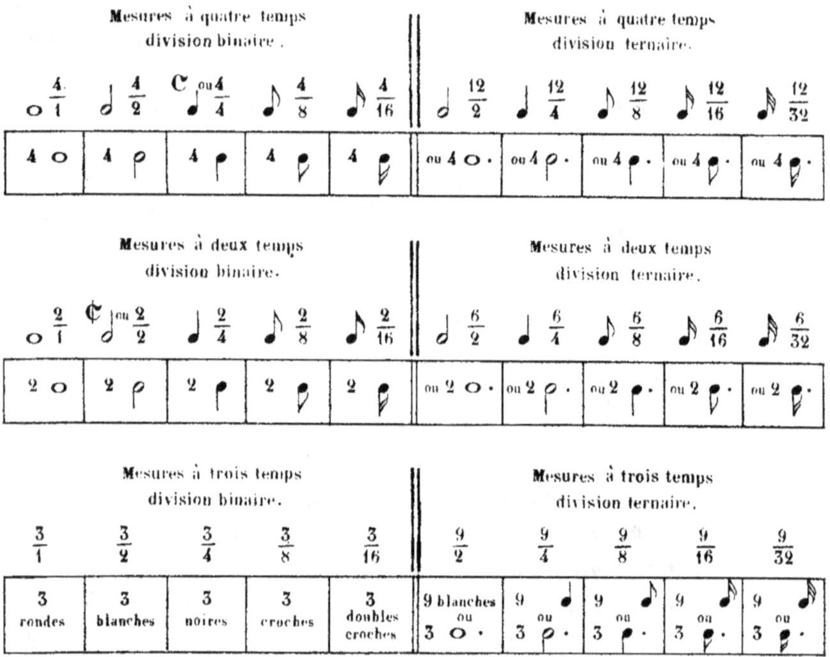

Il est bien entendu que, si toutes ces mesures sont possibles elles sont pour la plupart inusitées. Comme unité de temps la ronde et la double croche ne s'em_ ploient plus. La croche est aussi peu usitée, cependant on la rencontre encore dans les mouvements très vifs à trois temps. Il ne reste alors que la blanche, la noire et la croche.

TABLEAU DES MESURES USITÉES.

	Mesures simples.			Mesures composées.		
à 4 temps	**C** ou	4		$\frac{12}{8}$	$\frac{12}{16}$	Toutes ces mesures
à 2 temps	**¢** et	$\frac{2}{4}$		$\frac{6}{4}$	$\frac{6}{8}$	dérivent des mesures
à 3 temps	$\frac{3}{4}$ et	$\frac{3}{8}$		$\frac{9}{8}$	$\frac{9}{16}$	simples.

Mesure à un temps $\frac{3}{8}$ on nomme ainsi la mesure à 3 temps dont la vitesse est telle que la main n'a plus que le temps de faire un seul mouvement de bas en haut pendant sa durée au lieu des trois qui sont indiqués.

Mesure à cinq temps $\frac{5}{4}$. La mesure ainsi désignée n'est, à bien dire, que la réunion de deux mesures dont la 1.re est à 3 temps et la seconde à 2 temps. Elle produit un effet de rhythme assez original, on n'en trouve que très peu d'exemples.

Souvent la mesure qui commence un morceau de musique est *incomplète*, en ce sens, qu'au lieu de contenir tous les temps de cette mesure, elle n'en contient qu'une partie (la dernière) Dans ce cas la dernière mesure de ce morceau complètera la première en ne renfermant elle-même que les temps omis au commencement.

N.º 15. TONS, DÉNOMINATION DES NOTES,
d'après leur position, leur fonction et leur tendance.

Le mot *Ton* employé ici dans sa véritable acception caractérise le point de départ d'un morceau de musique ou de la gamme dans laquelle il puise ses éléments; ainsi les deux modes d'*Ut majeur* et de *La mineur* étant les types de tous les autres on dit ton d'Ut (mode majeur) et ton de La (mode mineur) Si le point de départ d'une nouvelle gamme est changé par exemple: *Sol* au lieu d'Ut majeur dites: *ton de sol* majeur; *Mi* au lieu de la mineur dites: ton de *Mi mineur*.

On a vu précédemment que la gamme mélodique d'*Ut* majeur (gamme type) était le produit de la gamme harmonique *fa la ut, ut mi sol, sol si ré*,

Ut première note de la gamme mélodique prend le nom de *tonique*. Ses harmoniques mi et sol s'appellent le *mi, médiante* et le sol *dominante* en raison de leur position dans l'accord ut mi sol. La septième note *si* se nomme *sensible* à cause de sa tendance à monter à la tonique. Les autres notes s'appellent la deuxième *ré*, *sous médiante* ou sus tonique, la quatrième *fa, sous dominante*, la sixième *la, sous sensible* ou sus dominante.

Comme on le voit la *dénomination tonale* des notes dépend du point de départ de la gamme. La 1.re note de cette gamme étant déterminée, il est facile de nommer les autres d'après le rang que la tonique leur assigne.

Tendance de certaines notes de la gamme Les 2.e et 3.e notes d'une gamme ont leur tendance vers la *tonique*, la 4.e ou *sous-dominante* vers la 3.e ou médiante la 5.e ou dominante vers la *tonique* la 6.e vers la *dominante* et la 7.e ou *sensible* vers la *tonique* supérieure.

N.º 16. FORMATION DES GAMMES MAJEURES,

sur la gamme d'Ut, type du mode majeur, division par tétracordes.
origine et succession des Dièzes et des Bémols constitutifs.

Toutes les gammes majeures ont pour type celle d'ut. Il faut donc, en changeant le point de départ pour construire une nouvelle gamme avoir le soin de donner aux secondes majeures et mineures le même rang qu'elles occupent dans la gamme type c'est-à-dire que la 1.ʳᵉ seconde mineure (demi ton) doit être entre les 3.ᵉ et 4.ᵉ degrés et la deuxième entre les 7.ᵉ et 8.ᵉ Ceci observé, cette nouvelle gamme est conforme aux règles du mode majeur.

TÉTRACORDE.

C'est un mot grec qui signifie quatre cordes ou sons. En divisant la gamme d'Ut en deux *tétracordes* on remarque leur similitude parfaite.

C'est au moyen des tétracordes que l'on se rendra bien compte de la nécessité des dièzes et des bémols constitutifs.

Pour trouver l'origine des dièzes constitutifs dans les gammes majeures, il faut prendre le tétracorde supérieur de la gamme d'Ut, le mettre au grave sans y rien changer et continuer la nouvelle gamme dans l'ordre ascendant jusqu'à la 7.ᵉ note que l'on élève au moyen d'un dièze pour en faire la sensible du nouveau ton et pour la similitude des deux tétracordes; en mettant toujours au grave le tétracorde supérieur de la gamme précédente jusqu'à ce que toutes les notes soient dièzées on remarque que le nouveau dièze constitutif qui parait à chaque gamme nouvelle en est toujours la note *sensible*.

Pour trouver l'origine des bémols constitutifs il faut prendre le tétracorde inférieur de la gamme d'Ut l'écrire de haut en bas fa mi ré ut et continuer à descendre cette nouvelle gamme en baissant le si au moyen du bémol, ut et si faisant *seconde mineure*, tandis que l'intervalle entre les deux tétracordes doit toujours faire *seconde majeure*. Cette gamme terminée on remarquera la similitude des deux tétracordes et le bémol affectant la 4.ᵉ note ou *sous-dominante*.

On procède de la même manière jusqu'à ce que toutes les notes soient bémolisées et on remarque alors que le dernier bémol placé à la clef est toujours la quarte ou sous dominante de la tonique.

Pour résumer; toutes les gammes majeures obtenues par l'emploi des dièzes ou des bémols ayant leur tonique naturelle, dièzée, ou bémolisée doivent être de tout point semblables à la gamme d'Ut c'est-à-dire produire le même air.

Nᵒ 17.
TABLEAU DE LA FORMATION DES GAMMES MAJEURES.
au moyen des Tétracordes
génération des Dièzes et Bémols constitutifs.

GAMMES MAJEURES.

GÉNÉRATION DES BÉMOLS

UT♭	SOL♭	RÉ♭	LA♭	MI♭	SI♭	FA
SI♭	FA	UT	SOL	RÉ	LA	MI
LA♭	MI♭	SI♭	FA	UT	SOL	RÉ
SOL♭	RÉ♭	LA♭	MI♭	SI♭	FA	UT
FA♭	UT♭	SOL♭	RÉ♭	LA♭	MI♭	SI♭
MI♭	SI♭	FA	UT	SOL	RÉ	LA
RÉ♭	LA♭	MI♭	SI♭	FA	UT	SOL
UT♭	SOL♭	RÉ♭	LA♭	MI♭	SI♭	FA

GÉNÉRATION DES DIÈZES

UT	SOL	RÉ	LA	MI	SI	FA♯	UT♯
SI	FA♯	UT♯	SOL♯	RÉ♯	LA♯	MI♯	SI♯
LA	MI	SI	FA♯	UT♯	SOL♯	RÉ♯	LA♯
SOL	RÉ	LA	MI	SI	FA♯	UT♯	SOL♯
FA	UT	SOL	RÉ	LA	MI	SI	FA♯
MI	SI	FA♯	UT♯	SOL♯	RE♯	LA♯	MI♯
RÉ	LA	MI	SI	FA♯	UT♯	SOL♯	RÉ♯
UT	SOL	RÉ	LA	MI	SI	FA♯	UT♯

La similitude des tétracordes est obtenue par l'emploi des dièzes à droite et des bémols à gauche de la gamme type d'Ut ; les gammes avec dièzes sont écrites de bas en haut, celles avec bémols de haut en bas.

Lorsque toutes les notes des gammes formées au moyen des tétracordes se trouvent dièzées ou bémolisées, si l'on continue l'expérience, on voit paraître successivement les double-dièzes et les double-bémols dans le même ordre que les dièzes et les bémols du tableau précédent.

Nᵒ 18.　　ARMURES EN DIÈZES ET EN BÉMOLS.
exemples de ces armures, ordre des Dièzes et Bémols constitutifs
tonique déterminée d'après cet ordre.

On nomme armures les dièzes ou les bémols constitutifs qui se placent au commencement de chaque portée et qui déterminent le ton dans lequel est écrit le morceau de musique.

L'ordre des dièzes, employés comme armures, est par quintes ascendantes.

fa ut sol ré la mi si. Le dernier dièze de l'armure est toujours la note sensible du mode majeur (septième note de la gamme.)

EXEMPLES DES ARMURES EN DIÈZES.

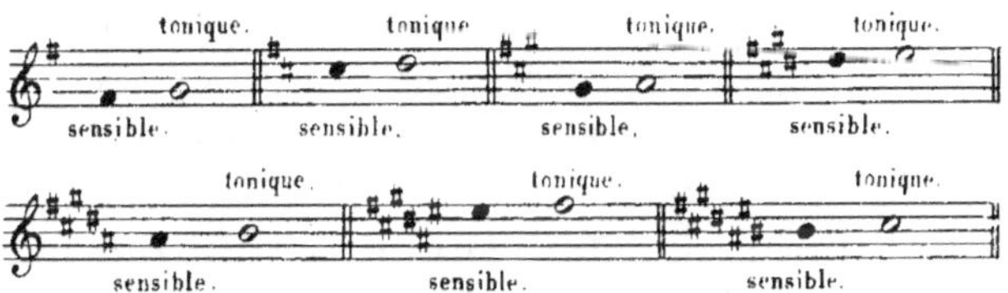

L'ordre des bémols constitutifs est par quintes descendantes, ordre inverse des dièzes.

si mi la ré sol ut fa. Le dernier bémol de l'armure est toujours la quarte du ton (mode majeur.)

EXEMPLES DES ARMURES EN BÉMOLS.

Au tableau de la formation des gammes (N.° 17.) on remarquera que dans les armures en dièzes la quinte du ton précédent devient tonique du suivant tandis que dans les armures en bémols c'est la sous dominante du précédent qui devient tonique du suivant.

Lorsqu'il y a plusieurs bémols à la clef on prend pour tonique du mode majeur l'avant dernier bémol.

TABLEAU DES GAMMES MAJEURES.

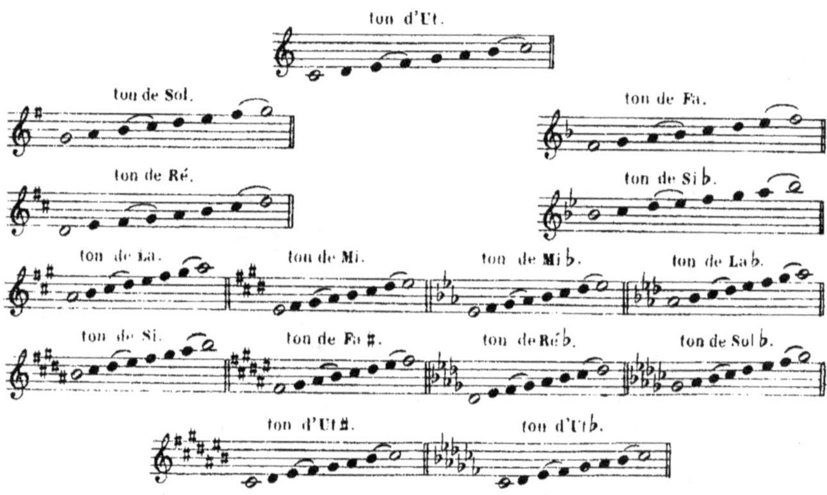

N.° 19. FORMATION DES GAMMES MINEURES.

altération de la 7.ᵉ note.

Division par tétracordes de la gamme type (LA MINEUR)

tableau des gammes mineures, génération des dièzes et bémols constitutifs.

La gamme de *La* type du mode mineur a subi comme il a été dit précédemment une modification sur la septième note pour en faire la sensible du ton.

Gamme mineure naturelle | Gamme mineure en usage
extraite du plain-chant. | modifiée par la Sensible.

Cette altération n'étant considérée que comme un accident ne fait pas partie de l'armure.

Sa nécessité ne s'en fait même sentir qu'en montant à la tonique et souvent dans la pratique, on la supprime en descendant.

Il faut conclure de la, que pour l'origine des dièzes et bémols constitutifs des gammes mineures il est inutile de tenir compte de cette altération.

TABLEAU DE LA FORMATION DES GAMMES MINEURES AU MOYEN DES TÉTRACORDES.

(Même manière de procéder que dans les majeures)

GÉNÉRATION DES BÉMOLS.

LA♭	MI♭	SI♭	FA	UT	SOL	RÉ
SOL♮	RÉ♮	LA♮	MI♮	SI♮	FA♯	UT♯
FA♭	UT♭	SOL♭	RÉ♭	LA♭	MI♭	SI♭
MI♭	SI♭	FA	UT	SOL	RÉ	LA
RÉ♭	LA♭	MI♭	SI♭	FA	UT	SOL
UT♭	SOL♭	RÉ♭	LA♭	MI♭	SI♭	FA
SI♭	FA	UT	SOL	RÉ	LA	MI
LA♭	MI♭	SI♭	FA	UT	SOL	RÉ

GÉNÉRATION DES DIÈZES.

LA	MI	SI	FA♯	UT♯	SOL♯	RÉ♯	LA♯
SOL♯	RÉ♯	LA♯	MI♯	SI♯	FA𝄪	UT𝄪	SOL𝄪
FA	UT	SOL	RÉ	LA	MI	SI	FA♯
MI	SI	FA♯	UT♯	SOL♯	RÉ♯	LA♯	MI♯
RÉ	LA	MI	SI	FA♯	UT♯	SOL♯	RÉ♯
UT	SOL	RÉ	LA	MI	SI	FA♯	UT♯
SI	FA♯	UT♯	SOL♯	RÉ♯	LA♯	MI♯	SI♯
LA	MI	SI	FA♯	UT♯	SOL♯	RÉ♯	LA♯

Dans les armures en bémols la sous dominante du ton précédent devient tonique du suivant. Le dernier bémol est la sixième note de la nouvelle gamme.

Dans les armures en dièzes la dominante du ton précédent devient tonique du suivant. Le dernier dièze de l'armure est la seconde note de la nouvelle gamme.

TABLEAU DES GAMMES MINEURES.
(notation usuelle) avec la note sensible.

Comme on vient de le voir il n'y a pas similitude entre les deux tétracordes des gammes mineures.

Dans le premier tétracorde (inférieur) la seconde mineure est entre le 2ᵉ et 3ᵉ degrés. Dans le second (supérieur) elle se trouve placée entre le 5ᵉ et 6ᵉ degrés.

Autre observation: on rencontre dans la gamme du mode mineur entre les 6ᵉ et 7ᵉ degrés une *seconde augmentée*; cela tient à l'élévation accidentelle du septième degré devenu *sensible*.

L' **Etude** de ce nouvel intervalle viendra au N° 24

Nᵒ **20.** MODES RELATIFS, INTERVALLE QUI LES SÉPARE.

moyen de reconnaître auquel des deux modes relatifs appartient un morceau de musique. Différence d'armures des deux modes de même base.

On nomme relatifs deux modes l'un majeur et l'autre mineur, qui ont entre eux un certain rapport.

Ils sont à distance de tierce mineure et le rapport qui existe est la simili_tude d'armure de ces modes.

Les modes relatifs sont placés: le mineur une tierce mineure au dessous du mo_de majeur, et le majeur une tierce mineure au dessus du mineur.

Exemples:

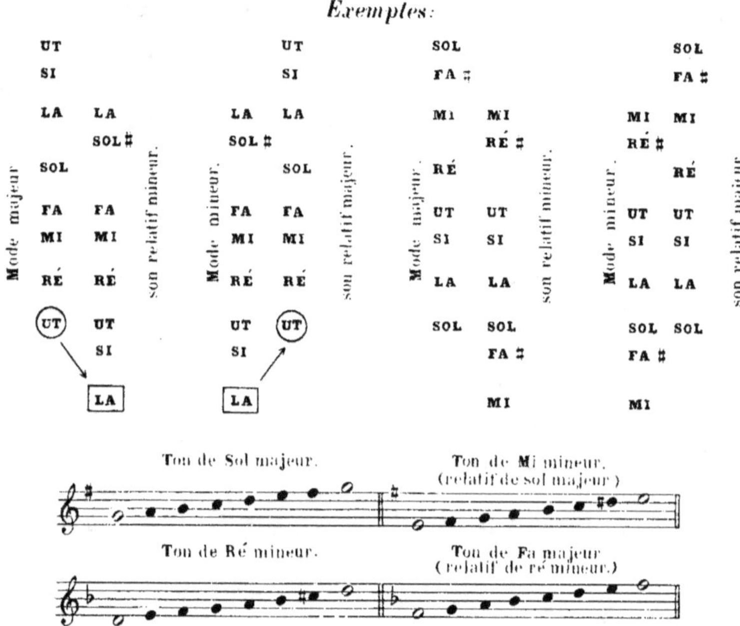

Il y a plusieurs moyens de reconnaître auquel des deux modes relatifs, majeur ou mineur, appartient un morceau de musique.

1º Si ce morceau est à plusieurs parties superposées, ce que l'on nomme en parti_tion, ces parties faisant accord entre elles, il faut voir si le premier accord appartient au mode majeur ou au mineur relatif; si le premier accord du morceau ne caracté_rise pas le mode, le dernier doit le faire très certainement.

2º Chercher dans les premières mesures d'un morceau si la quinte du mode ma_jeur n'est pas altérée, c'est-à-dire élevée pour devenir sensible du mineur; si elle ne l'est pas il est majeur, si elle l'est il est mineur.

3º Regarder la dernière note du morceau qui est toujours la tonique ou une des notes de son accord.

Différence d'armure des deux modes de même base.

On entend par *base* la note qui sert de point départ pour fixer le ton. On a vu aux tableaux des gammes majeures et mineures que toute note, naturelle, dièzée ou bémolisée peut être prise pour tonique des modes majeur ou mineur.

Ainsi on peut être dans le ton d'Ut mode majeur ou dans celui d'Ut mode mineur, en prenant pour base toute autre note il en sera de même.

Cependant les armures de ces *deux modes* ayant la même base, ou le même point de départ sont différentes.

Si l'on veut passer du majeur au mineur de même base, il faut baisser trois notes de la gamme, les 3.ᵉ 6.ᵉ et 7.ᵉ notes, pour trouver la différence d'armure. Ces notes se baissent au moyen du ♮, si la note est dièzée et du ♭ si elle est naturelle.

La gamme d'*Ut majeur* n'a pas d'armure; si au moyen du ♭ on baisse les trois notes désignées plus haut on obtient la gamme d'*Ut mineur* dont l'armure est trois bémols, si mi la, 7.ᵉ 3.ᵉ et 6.ᵉ

Exemples:

Résumé: Pour passer du majeur au mineur de même base, ajouter à l'armure trois bémols, ou ôter trois dièzes; ou ajouter autant de bémols que l'on n'a pas pu ôter de dièzes pour compléter le nombre trois.

Pour passer du mineur au majeur de même base, il faut faire l'opération contraire a celle qui vient d'être indiquée, c'est-à-dire élever les 3.ᵉ 6.ᵉ et 7.ᵉ notes de la gamme

Ainsi en *Mi ♭ mineur* il y a six bémols à l'armure en *Mi ♭ majeur* il n'y en a plus que trois.

en *Sol mineur* deux bémols; en *Sol majeur* un dièze.

en *Si mineur* deux dièzes; en *Si majeur* cinq dièzes.

N.º 21.   NOTES TONALES ET MODALES,

leur fonction dans les deux modes. Variante de la gamme mineure.

On appelle *notes tonales* celles qui, dans une gamme, caractérisent le ton, sans déterminer le mode, et *notes modales* celles qui déterminent le mode.

Les 1.ʳᵉ 4.ᵉ et 5.ᵉ notes d'une gamme sont *tonales*, les 3.ᵉ 6.ᵉ et 7.ᵉ sont *modales*. La seconde note est considérée comme *neutre*, appartenant aux deux modes et n'étant ni tonale ni modale.

Rappelons-nous que la gamme harmonique nous a fourni les trois accords *fa la ut*, *ut mi sol*, et *sol si ré*, et qu'au moyen de ces trois accords nous avons formé la gamme mélodique d'Ut, type de toutes les autres. Les notes tonales sont *ut fa* et *sol*; les modales *mi la* et *si*, le *ré* est neutre.

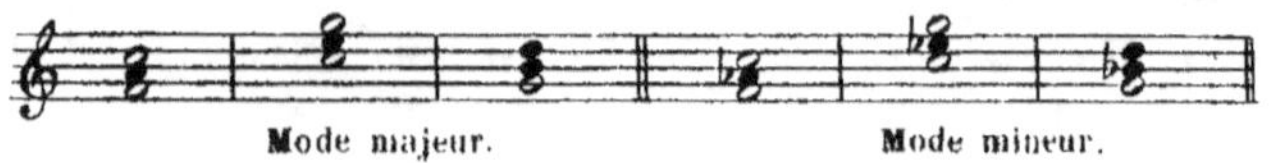

Comme on le voit il suffit pour passer du majeur au mineur de même base d'abaisser les 3 modales, lesquelles dans les 3 accords font tierce avec les trois notes tonales.

Ainsi les notes tonales et leur quinte sont fixes et invariables, quelque soit le mode

Les notes modales, selon que le mode est majeur ou mineur, s'élèvent ou s'abaissent et sont variables de leur nature. Si dans une mélodie il y a absence de notes modales il est impossible de dire auquel des deux genres elle appartient, mais il est difficile d'en trouver des exemples, puisque la tierce de la tonique, note modale, suffit pour déterminer le mode d'un morceau; c'est cette modale qui faisant tierce mineure avec la 1re note ou tonique lui a donné le nom de mode mineur.

Les deux autres modales ont moins d'importance que celle-ci. En effet la 7e note de la gamme mineure, 3e modale n'existe réellement qu'à l'armure, puisqu'en montant on l'élève toujours pour en faire la sensible, et, comme on va le voir, la 6e note, 2e modale, subit souvent aussi la même altération.

Variante de la gamme mineure.

La gamme mineure adoptée en principe avec l'alteration de la sensible est difficile à chanter juste; en effet l'intervalle entre le 6e et 7e degré, intervalle plus grand que la seconde majeure (seconde augmentée) exige plus d'efforts de la voix, et on n'en obtient pas toujours une justesse parfaite, soit en montant soit en descendant la gamme.

En un mot cette gamme se prête moins à la mélodie que la gamme majeure; l'expérience ayant démontré ce fait, on a reconnu que le mode mineur était suffisamment caractérisé par la tierce de la tonique, et l'usage d'une nouvelle modification de la gamme mineure a fini par s'introduire dans la pratique; c'est une variante, qui, plus mélodique que l'autre, fait perdre au mode mineur une partie de son caractère en montant.

EXEMPLES DES VARIANTES DU MODE MINEUR.

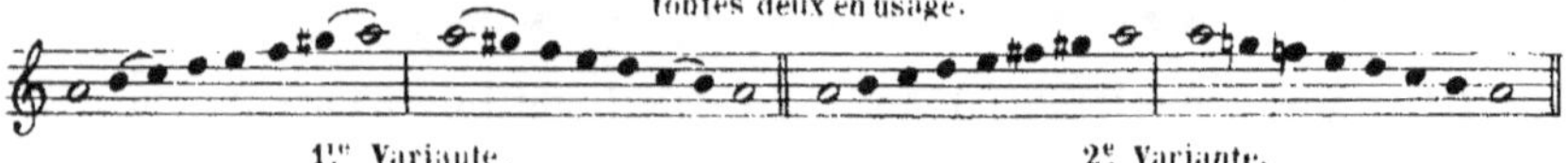

La 1re Variante monte et descend de même, la sensible existe dans les deux sens.	La 2e Variante élève les 6e et 7e notes et conserve la sensible en montant: en descendant elle baisse ces deux notes et n'a plus de sensible.

Rappelé plus précédemment, que le besoin de la sensible ne se faisait sentir qu'en montant les gammes

N. 22.
GENRES DIATONIQUE, CHROMATIQUE, ENHARMONIQUE.
Gammes chromatiques par dièzes et par bémols.
secondes mineures diatoniques, demi tons chromatiques.
Gamme enharmonique, différence d'armure des modes enharmoniques.

Il y a trois genres en musique; le Diatonique, le Chromatique et l'Enharmonique.

Le genre Diatonique est le plus simple et le plus usité; c'est celui qui procède par secondes majeures et mineures (tons et demi-tons) Ainsi toutes les gammes des modes majeur et mineur et toutes les mélodies qui leur empruntent leurs éléments appartiennent au genre diatonique.

Le genre Chromatique est celui qui procède par secondes mineures (ou demi-tons) seulement.

GAMME CHROMATIQUE PAR DIÈZES.

GAMME CHROMATIQUE PAR BÉMOLS.

EMPLOI DES DIÈZES EN MONTANT ET DES BÉMOLS EN DESCENDANT.

Cette 3ᵉ manière est la meilleure et la plus usitée en raison de la tendance du dièze à monter et de celle du bémol à descendre.

Les mots, seconde majeure et mineure, suffisent à l'analyse des intervalles du genre diatonique, et doivent y être employés de préférence aux mots tons et demi tons. Dans le genre chromatique la seconde mineure (ou demi-ton) se présente sous deux aspects; elle est diatonique entre deux notes de noms différents et chromatique entre deux notes portant le même nom.

Exemples de secondes mineures diatoniques.

mi fa   si ut   ré mi ♭   fa ♯ sol   la si ♭ etc.

Exemples de secondes mineures chromatiques.

ut ut ♯   ré ré ♯   fa fa ♯   sol ♭ sol   etc.

Quand on se sert du mot *demi ton* les premières sont des demi tons diatoniques et les suivantes des chromatiques. La gamme chromatique se compose de cinq secondes mineures chromatiques et de sept secondes mineures diatoniques. total 12.

Le genre enharmonique est la substitution d'une note à une autre dont le son est presque semblable. C'est un moyen de passer instantanément dans un ton qui n'a aucune analogie d'armure avec celui que l'on quitte. Sur les instruments à sons fixes, l'orgue et le piano, l'Enharmonie se produit tout naturellement puisque la même touche du clavier sert à obtenir le résultat voulu, ainsi: ut ♯ ré ♭ changement enharmonique se fait sur une même touche; il en est ainsi pour *fa ♯ sol ♭*, *si ♭ la ♯* etc. Pour la voix et aussi pour les instruments à cordes, chez lesquels la justesse dépend de la position des doigts, la similitude des sons enharmoniques n'est pas parfaite, mais par une lé _ gère modification qu'on leur fait subir, on parvient à effectuer le changement sans choquer l'oreille.

Les passages enharmoniques ayant presque toujours lieu du ♯ au ♭ ou du ♭ au ♯, il faut baisser un peu le son du dièze et forcer celui du bémol afin de les fondre l'un dans l'autre.

GAMME ENHARMONIQUE.

Cet exemple permet de distinguer les notes faisant enharmonie.

Changements de tons enharmoniques.

Les tons enharmoniques ayant des armures différentes, voici le moyen d'établir de suite cette différence.

Le nombre *douze* est la somme totale de deux modes enharmoniques.

L'Enharmonique de Fa ♯ est Sol ♭. Dans le ton de Fa ♯ majeur il y a six dièzes à la clef. Dans celui de Sol ♭ il y a six bémols, total 12. l'Enharmonique de Si majeur est Ut ♭ majeur. Il y a 5 dièzes en Si majeur et 7 bémols en Ut bémol total 12. l'En _ harmonie de Si ♭ est La ♯ en Si ♭ majeur 2 bémols, en La ♯ majeur 10 dièzes total 12

Il faut remarquer que l'enharmonie donne souvent des tons inusités. Comme on ne peut pas armer la clef de plus de signes qu'il n'y a de notes, c'est-à-dire 7, toutes les fois que ce nombre est dépassé, on voit apparaître les double dièzes ♯ ou x ou les double bémols ♭♭ ils comptent alors pour deux, et c'est ainsi que l'on peut arriver mo _ mentanément à supposer jusqu'à douze dièzes ou douze bémols à l'armure.

Lorsque le nombre de ces signes excède sept les dièzes ou bémols doublés se pré _ sentent successivement dans le même ordre que les simples.

Exemples .   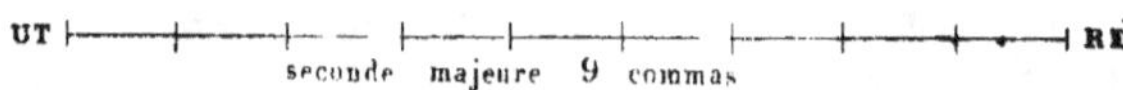   etc.

7 dièzes   8 id.   9 id.   7 bémols.   8 id.   9 id.

N.º 23. DIVISION DE LA SECONDE MAJEURE.
Commas. Tempérament.

Pour établir d'une manière sensible la différence qui existe entre la seconde mineu _ re diatonique et le demi ton chromatique, on divise la seconde majeure en neuf parties égales que l'on nomme commas.

UT |—+——+——+——+——+——+——+——+——+——| RÉ
seconde majeure 9 commas

La seconde mineure diatonique se compose de 4 commas et le demi ton chromati _ que de cinq.

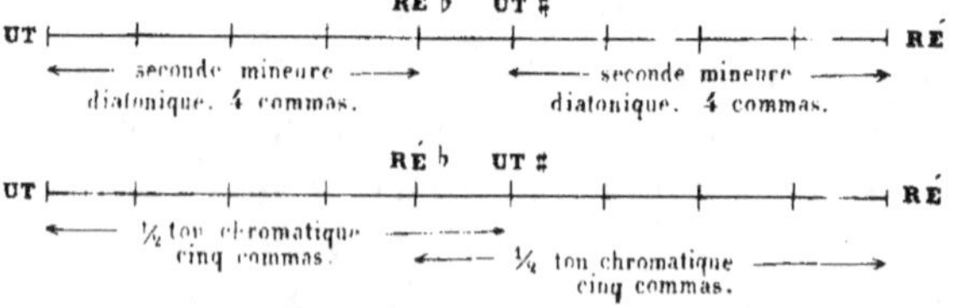

TEMPÉRAMENT.

On nomme tempérament la modification que l'on a du faire subir aux secondes mi_neures diatoniques et aux demi tons chromatiques pour les assimiler et en obtenir un son identique.

On vient de voir que la seconde majeure se composait de 9 commas, la seconde mi_neure diatonique de quatre et le demi ton chromatique de cinq. En augmentant d'un $\frac{1}{2}$ comma la seconde mineure diatonique et en diminuant d'autant le demi ton chromati_que on trouve pour chacun d'eux 4 commas et $\frac{1}{2}$ total 9. La différence est peu sensible et se nomme tempérament.

Exemple.

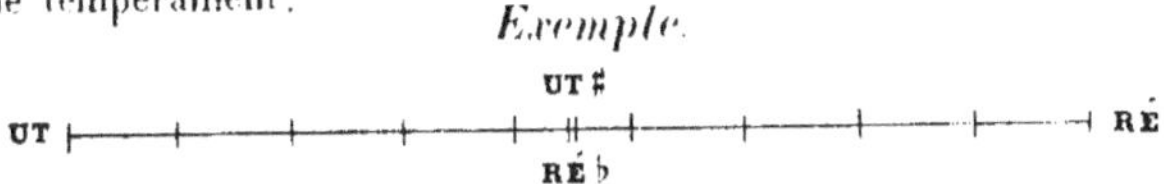

l'Ut dièze est baissé et le Ré b haussé d'un $\frac{1}{2}$ comma et ces deux notes se fondent ensem_ble. Ce sont les instruments à sons fixes qui ont imposé cette nécessité à l'art musical, qui, en y perdant comme justesse parfaite, y a gagné, comme ressource, le 3.e genre dit enharmonique.

Quelques théoriciens, sans se préoccuper de ce fait, que le bémol de la note suivante est plus bas d'un comma que le dièze de la note précédente, et acceptant le tempérament com_me une règle absolue, tandis qu'elle ne l'est que pour les instruments à sons fixes, écri_vent ainsi la gamme enharmonique.

non seulement cette manière est irrégulière, mais elle rend cette gamme tout à fait im_possible à chanter.

Il faut l'écrire comme dans le tableau du N.º 22, dont l'exemple peut être chanté au moins par fragments, et où les notes enharmoniques occupent dans l'échelle leur véri_table position.

N.º 24.   INTERVALLES AUGMENTÉS ET DIMINUÉS.

les plus usités de ces intervalles.

Les intervalles majeurs et mineurs ont été examinés au N.º 7. Outre ces intervalles il y en a d'autres plus ou moins grands que l'on nomme augmentés ou diminués, excepté la seconde mineure diatonique, qui, dans le système moderne, est le plus petit des in_tervalles et ne peut être diminuée et son complément la septième majeure, qui ne peut être augmentée sans tomber sur l'octave, tous les autres intervalles peuvent être aug_mentés ou diminués. La gamme majeure diatonique ne contient que des intervalles majeurs et mineurs.

Dans la gamme mineure diatonique on trouve des intervalles augmentés et dimi_nués en montant *fa sol* # seconde augmentée et son complément 7.e diminuée *sol* # et *fa*. la quinte augmentée *ut* et *sol* # et son complément *sol* # et *ut* quarte diminuée.

La gamme chromatique contient tous les intervalles augmentés et diminués. Il y a donc des *secondes augmentées, ut ré* ♯, *fa sol* ♯ etc.

des tierces diminuées et augmentées   *ut* ♯ *mi* ♭   *fa la* ♯   etc.
                                                 tierce dim.ᵉᵉ   tierce aug.ᵗᵉᵉ

des quartes diminuées et augmentées   *fa* ♯ *si* ♭   *ut fa* ♯   etc.
                                                 quarte dim.ᵉᵉ   quarte aug.ᵗᵉᵉ

des quintes diminuées et augmentées   *ut* ♯ *sol* ♭   *ut sol* ♯   etc.
                                                 quinte dim.ᵉᵉ   quinte aug.ᵗᵉᵉ

des sixtes   diminuées et augmentées   *ut* ♯ *la* ♭   *ut la* ♯   etc.
                                                 sixte dim.ᵉᵉ   sixte aug.ᵗᵉᵉ

des septièmes   diminuées   *ut* ♯ *si* ♭   etc.
                                                 septième dim.ᵉᵉ

Les quartes et quintes augmentées et diminuées dont il est parlé ici ne sont pas usitées dans la pratique du tempérament, et cela est si vrai que les théoriciens donnent le nom de quarte augmentée ou triton (3 tons) à la quarte majeure composée de trois secondes majeures, et celui de quinte diminuée à la quinte mineure composée de deux secondes majeures et deux mineures.

Les plus usités de ces intervalles sont: La *seconde augmentée* et son complément ou renversement la *septième diminuée*.

La *tierce diminuée* et son complément ou renversement la *sixte augmentée*

La *seconde augmentée* est formée d'une seconde majeure et d'un demi-ton chromatique;

La *septième diminuée* de trois secondes majeures et trois mineures,

La *tierce diminuée* de deux secondes mineures diatoniques,

La *sixte augmentée* de quatre secondes majeures, d'une mineure et d'un demi-ton chromatique.

EXEMPLES D'INTERVALLES AUGMENTÉS ET DIMINUÉS.

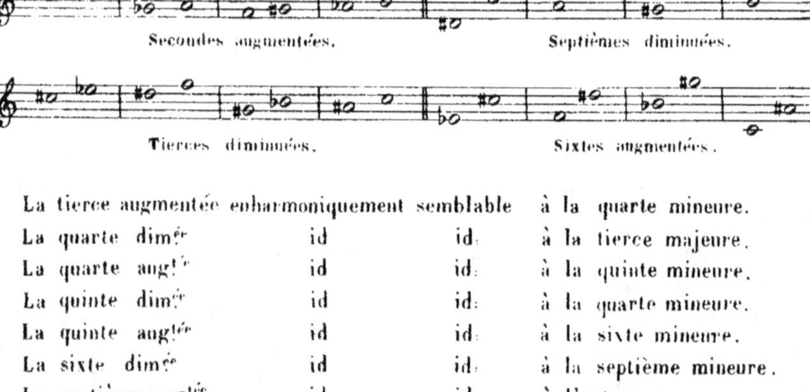

La tierce augmentée enharmoniquement semblable   à la quarte mineure.
La quarte dim.ᵉᵉ   id   id.   à la tierce majeure.
La quarte aug.ᵗᵉᵉ   id   id.   à la quinte mineure.
La quinte dim.ᵉᵉ   id   id.   à la quarte mineure.
La quinte aug.ᵗᵉᵉ   id   id.   à la sixte mineure.
La sixte dim.ᵉᵉ   id   id.   à la septième mineure.
La septième aug.ᵗᵉᵉ   id·   id·   à l'octave.

ne sont pas usités.

N.º 25. DIAPASON DES VOIX, LEUR CLASSIFICATION.

Tableau des voix humaines, leur rapport avec les clefs.

On appelle diapason l'étendue que la voix humaine peut parcourir du grave à l'aigu.

Toutes les voix n'ont pas le même diapason; les unes sont graves les autres ai_gues. Les voix de femmes ou d'enfants sont naturellement à l'octave au dessus des voix d'hommes. Ainsi une même note de la portée chantée simultanément par deux voix, l'une de femme et l'autre d'homme, donnera deux sons à l'octave.

la différence des timbres étant constatée, on a fait une classification des voix.

Les *voix d'hommes* ayant le même timbre mais n'ayant pas la même étendue ou le même diapason se classent et se divisent ainsi:

1ers et 2es ténors, celles dont le timbre est élevé,

1res et 2es basses, celles dont le timbre est grave.

Les 1res basses se nomment souvent barytons, et les 2es Basses.

Les *voix de femmes* ou d'enfants qui ont un même timbre avec une étendue dif_férente se divisent, les plus élevées en 1res et 2es sopranos, et les plus graves en 1res et 2es contraltos.

L'étendue des voix humaines est généralement de 11 à 12 notes. Ici on ne parle pas des voix rares et remarquablement belles dont le diapason dépasse cette limite; il ne peut être question que des voix ordinaires et dont tout le monde est doué.

Les secondes basses sont les plus graves, viennent ensuite les 1res basses ou bary_tons, les 2es ténors, les 1res puis les voix de femmes dans le même ordre ascendant. Les barytons ont l'étendue de leur voix à la tierce au dessus des 2es basses et ainsi de suite par tierce ascendante jusqu'au 1er soprano la voix la plus aigue des femmes. En prenant pour point de départ au grave le Fa des 2es basses et pour étendue de chaque voix 11 notes, on trouve qu'il faut environ 3 octaves ½ ou 23 notes du grave à l'aigu pour le classement. La portée de 11 lignes y suffisait, mais comme nous avons dit au N.º 3. que la portée des instruments à clavier, dans son rapport avec les trois clefs de *Fa* d'*Ut* et de *Sol* n'en était que la reproduction, nous allons nous en servir pour écrire l'é_tendue générale des voix humaines.

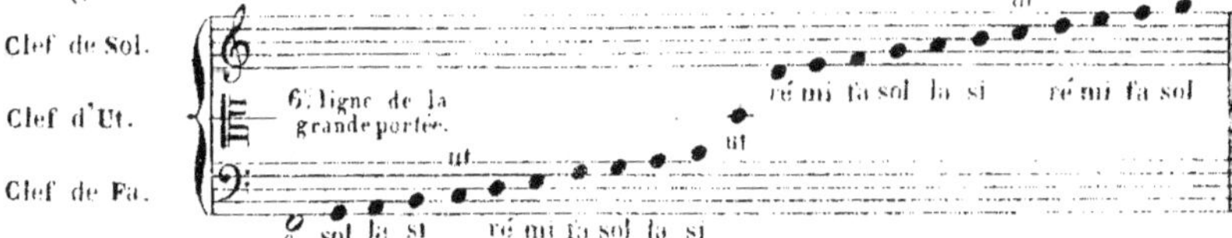

Les trois clefs d'*Ut* de *Fa* et de *Sol* une fois adoptées, on n'a pas tardé à s'apercevoir que la portée, réduite à cinq lignes, suffisait au diapason des voix; on avait choisi pour cha_cune d'elles une clef différente qui servait à la faire reconnaître et qui permettait à son dia_pason de se renfermer dans la limite des cinq lignes.

TABLEAU DES VOIX HUMAINES,
leur rapport avec les clefs.

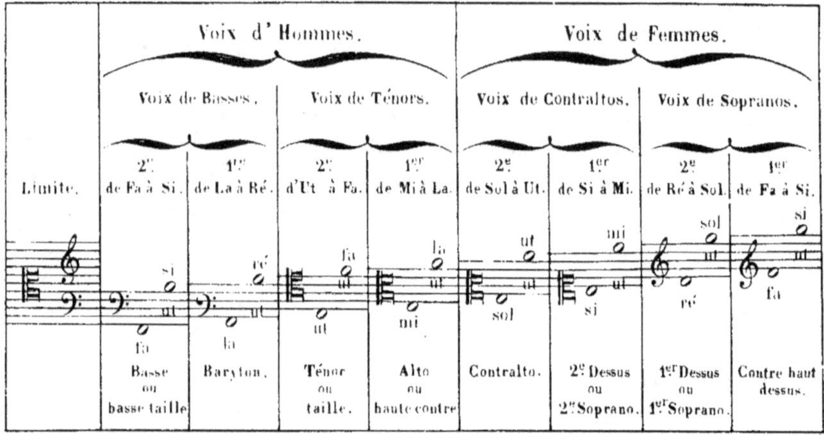

Ces huit genres de voix ont eu longtemps comme on le voit au tableau ci-dessus, leur clef propre qui servait à les faire distinguer sans qu'il fut nécessaire de les désigner, autrement

Lorsqu'on a commencé à indiquer en tête de chaque partie d'un morceau d'ensemble pour quelle voix elle était écrite, on a pu réduire le nombre de ces clefs. On a supprimé la clef de sol 1.re ligne qui donnait sur la portée les mêmes notes que la clef de fa 4.e ligne, ce qui a réduit à 7 le nombre des voix et des clefs: 3 voix de femmes, 1.res et 2.es dessus ou so_pranos et contralto 4 voix d'hommes 1.ers et 2.es ténors 1.res et 2.es basses.

Enfin l'usage des lignes supplémentaires étant devenu plus fréquent et plus familier, on en est arrivé à ne plus se servir pour les voix que de deux clefs celles de *Sol* et de *Fa*.

Les 1.res et 2.es sopranos et les contraltos, les 1.ers et 2.es ténors lisent avec la clef de sol, Les basses et les barytons avec celles de fa 4.e ligne.

N.º 26. DE LA TRANSPOSITION, USAGE DES SEPT CLEFS.
moyens à employer pour la transposition
exemples de gammes majeures et mineures
transposées en montant, en descendant.

On transpose un morceau de musique ou de chant en le faisant passer d'un ton dans un autre.

La Transposition a pour but de mettre ce morceau en rapport avec le diapason et le timbre de la voix ou de l'instrument qui doit le faire entendre.

La voix se prête bien plus facilement que les instruments à la transposition, et il arrive souvent que le professeur élève ou baisse tant soit peu les leçons et les exercices de la méthode sans que les élèves s'en aperçoivent, ce qui serait impossible pour les ins_truments ou toutes les notes ont une position déterminée.

C'est aussi pour les voix que le besoin de la transposition se fait sentir le plus sou_
vent. En effet, comme on l'a vu précédemment, chaque genre de voix ayant une éten_
due différente, il est évident qu'un morceau écrit pour un 1.er soprano sera trop élevé
pour un 2.e soprano et un contralto, et qu'il faudra le baisser dans la proportion de leur
diapason, si l'une ou l'autre de ces deux voix doit le chanter. Si le morceau est écrit
pour une voix de contralto, il devra au contraire être élevé dans la même proportion,
s'il doit être chanté par un 1.er ou un 2.e soprano. Il en sera de même pour les voix d'hom_
mes dont le diapason vient d'être fixé au N.o 25.

Un morceau écrit dans le mode majeur reste forcément majeur dans la transpo_
sition et un morceau écrit en mode mineur reste mineur. Le ton seul ou point de dé_
part est élevé ou baissé, mais une fois cette tonique déterminée, tous les intervalles
du nouveau ton doivent présenter une analogie parfaite avec ceux du ton que l'on trans_
pose, afin de reproduire exactement le même air.

Moyens à employer pour la transposition. On n'a pas oublié que les deux modes ma_
jeur et mineur ont pour type les gammes d'*Ut* et de *La* et que toutes les autres, quel_
que soit leur point de départ, sont calquées fidèlement sur l'un de ces deux types. Ainsi
les gammes majeures et mineures sont absolument semblables à celle d'Ut majeur et
de La mineur; elles n'en diffèrent que par l'armure et la tonique. La transposition, à
première vue, est difficile, il faut, pour transposer un morceau supposer une nouvelle
tonique ascendante ou descendante, selon qu'il en est besoin et voir par laquelle des sept
clefs on l'obtient. Cette tonique étant déterminée, il faut se rendre compte du nombre
de signes, ♯ ou ♭ de la nouvelle armure, et enfin savoir apprécier l'effet des signes ac_
cidentels du ton primitif sur le ton transposé.

L'étude et le tableau des gammes nous ont fait connaître les différentes armures.

Voici l'usage des clefs pour la transposition. En changeant la clef, on met à volonté
l'Ut sur tous les degrés de la portée.

en changeant la clef on met à volonté toutes les notes sur le même degré de la portée.

EXEMPLES DE GAMMES MAJEURES TRANSPOSÉES EN DESCENDANT.

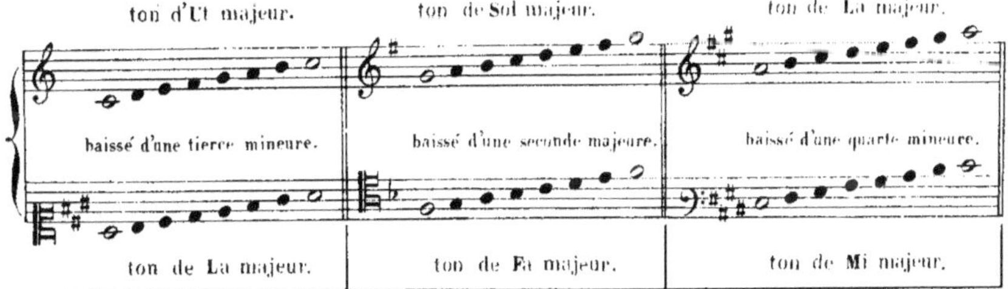

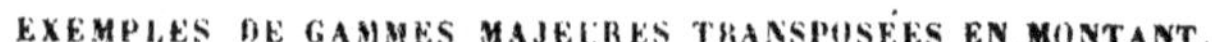

N.º 27.   SIGNES USUELS. NOTIONS DIVERSES.

Solmisation, vocalisation, chant. Abréviations.

La barre de mesure est une simple barre qui sépare les mesures d'un morceau; elle remplace les sons jalons et indique, quelqu'en soit le contenu, le commencement et la fin de chaque mesure.

La double barre indique la fin du morceau ou d'une de ses parties

La double barre, dite de reprise, se marque ainsi:

Lorsqu'on est parvenu a ce signe, les deux points placés à sa gauche indiquent qu'il faut recommencer le morceau ou la partie de ce morceau qui se trouve séparée de ce qui précède par une double barre près de laquelle les deux points sont à droite.

Il arrive aussi que cette partie redite une seconde fois ne se termine pas de la même manière que la première; dans ce cas on écrit les deux terminaisons à la suite l'une de l'autre de la sorte:

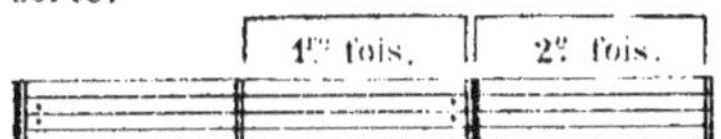

Le renvoi ℁ indique qu'il faut recommencer à l'endroit du morceau ou se trouve un signe semblable. On emploie aussi les mots *da capo al segno* mots italiens qui si _ gnifient *du commencement au signe* ℁ L'italie ayant été le berceau de la musique moderne on a conservé dans les autres pays l'usage des mots italiens pour exprimer tout ce qui a rapport au mouvement et à l'expression.

Lorsqu'on trouve sur un certain nombre de notes ce signe 8ª-------- (*octava alta*) terminé par le mot *loco* il faut faire entendre toutes ces notes à l'octave au dessus de leur diapason, et le mot *loco* indique que l'on doit rendre a celles qui suivent leur position normale. On ne trouve pas d'exemples de ce signe dans la musique chantée, la portée ordinaire avec la faculté des lignes supplémentaires au dessus et au dessous étant suffisante pour les voix les plus étendues.

Dans la musique instrumentale au contraire l'usage de ce signe est très fréquent, il rend la lecture des sons élevés beaucoup plus facile que ne ferait un trop grand nombre de lignes supplémentaires.

Sans parler de l'étendue des instruments en général, il convient de citer a l'appui de l'emploi du signe d'octave le *piano* dont l'étendue est considérable, et qui, malgré ses deux clefs de sol et de fa, est obligé d'y recourir souvent à l'aigu et même au grave (*octava bassa.*)

SOLMISATION.

On appelle solfier l'action d'émettre les sons avec la voix en donnant à chacun d'eux le nom qui lui appartient. Un musicien du 17ᵉ siècle nommé Doni, trouvant que la syllabe Ut se prêtait peu à l'émission de la voix, y substitua la première de son nom Do, dont l'usage a fini par l'emporter dans la solmisation.

On nomme solfèges les exercices qui doivent être chantés en articulant le nom des notes.

Il a été dit que Gui d'Arezzo avait pris dans l'hymne de Sᵗ Jean Baptiste les syllabes ut ré mi fa sol la et si. Les anglais et les allemands ne les ont pas adoptées et se servent toujours des lettres a b c d e f g. Les anglais n'emploient les syllabes ut ré mi etc. que dans la solmisation.

Le mot *solmisation* tire son origine de la note sol qui était la dernière des sept lettres a b c d e f g ou sol, que l'on doubla au grave pour obtenir une série de huit notes appelée *octave*

VOCALISATION.

On appelle vocaliser l'action d'émettre les différents sons musicaux sans prononcer le nom des notes. On se sert pour ce genre d'exercices de la voyelle *a* qui est la plus fa_ vorable à une bonne émission de la voix.

CHANT.

Le mot chant appliqué à la musique vocale consiste à remplacer par des paroles la solmisation tout en conservant aux notes le son qui leur est propre. Les syllabes de ces paroles s'adaptent à une ou plusieurs notes, et le chanteur doit observer rigoureu_ sement de bien articuler ces syllabes et de ne les faire entendre que sous les notes in_ diquées. La prononciation est une des qualités essentielles de l'art du chant. Dans le chant lorsque plusieurs notes, à partir de la croche et de ses diminutifs, doivent se fai_ re entendre sur une seule syllabe, on simplifie l'écriture en remplaçant les crochets de ces notes par des barres, égales en nombre à ces crochets, qui les relient entre elles. Ce n'est que lorsqu'il y a autant de syllabes que de notes que ces notes conservent leurs crochets distinctifs.

DIFFÉRENCE DE NOTATION.

entre deux mélodies semblables, selon les paroles.

EXEMPLES D'ABRÉVIATIONS EN USAGE POUR LES INSTRUMENTS.

Lorsque plusieurs notes supérieures à la croche telles que doivent être entendues sur une même syllabe, on les unit par un arc de cercle.

N.º 28.   SUITE DES NOTIONS DIVERSES.

Notes piquées, notes liées, notes surabondantes.
Bâtons de mesures. Diapason.

Notes piquées : Les notes surmontées de points doivent être attaquées sans les sou-
tenir pendant toute la durée de leur valeur. Ces points sont de deux espèces

dont l'effet est différent. Dans la première on soutient le son des notes pen_
dant la moitié de leur valeur et dans la seconde pendant le quart seulement.

Le terme italien pour exprimer l'effet de ces points est *staccato*, en français dé_
taché ou piqué.

Liaisons, (en italien *legato*)

On nomme liaison un arc de cercle que l'on trace au dessus de plusieurs notes dif_
férentes que la voix doit unir entre elles, de manière qu'elles soient comme soudées.

Exemple.

L'arc de cercle employé comme liaison ne doit pas se confondre avec celui dont on
se sert, comme signe de syncope, d'une mesure à la suivante, entre deux notes semblables.

Exemple.

Notes surabondantes. On désigne ainsi des notes que l'on introduit dans une mesure
en nombre supérieur à celui qu'exige le contenu de cette mesure. Ces notes s'indiquent
toujours au moyen de l'arc de cercle, auquel on ajoute un chiffre qui fait reconnaître le
nombre ajouté. Ce procédé fait suite au triolet et au sextolet dont il n'est que la
continuation.

Il est bien entendu que ces notes surabondantes ne devant pas prolonger la durée de
la mesure seront dites plus rapidement que leur valeur ne semble l'indiquer.

Exemple.

Point d'orgue ⌢. Ce signe placé sur une note, quelqu'en soit la valeur, est une
prolongation indéterminée de cette note laissée à la volonté du chanteur ou du directeur du
chant. Le mot point *d'orgue* prend son nom de l'orgue, instrument sur lequel on peut
prolonger les sons à volonté.

Point d'arrêt même signe qui se place sur un silence et qui établit un repos ou une légère interruption de la mesure.

BÂTONS DE MESURE.

Ces bâtons indiquent par leur forme le nombre des mesures d'un morceau pendant lesquelles une partie de chant ou d'instrument doit se taire tandis que d'autres conti_nuent. Ils sont d'une de deux et de quatre mesures. La *pause* silence de la ronde est aussi le silence d'une mesure.

Pour simplifier on met souvent deux barres traversant la portée, avec le chiffre du nombre de mesures à compter, le mot *tacet* indique le silence d'une partie pendant un temps déterminé.

DIAPASON.

Le Diapason est un petit instrument qui sert à donner le ton. Il consiste en une tige en acier à deux branches. Ces branches reposent sur une base assez courte, et mises en vibration au moyen d'un choc, elles donnent un son type appréciable à l'oreille, lors_qu'on les en approche, ou lorsqu'on en appuie la base sur un corps sonore. Ce son don_né sert à trouver les autres; c'est le *la* du médium. (Autrefois c'était l'*ut*,) et pendant longtemps ce *la*, n'étant pas fixé d'une manière uniforme, variait selon les écoles et les orchestres et tendait à s'élever toujours.

Par arrêté du **16** février **1859**, après avis des hommes compétents, M. le Ministre d'Etat a prescrit un diapason unique dit normal.

N.º 29. RHYTHME. MOUVEMENTS.
termes usités pour les indiquer. Métronome.

Le Rhythme, en grec ρυθμος mouvement régulier ne doit pas se confondre avec la mesure. La mesure est la division du temps en parties égales, le rhythme est la ré_pétition périodique et proportionnelle des sons.

Plus l'ordre symétrique de ces sons est régulier plus le rhythme est marqué; plus le mouvement de ces sons est vif, plus il est sensible.

Les éléments de toute mélodie sont donc les sons, leur mesure et leur rhythme.

Le Rhythme peut faire partie de la mélodie même ou d'une des parties secondai_res qui l'accompagnent. Lorsque le mouvement de cette mélodie est très lent, le rhyth_me n'est plus appréciable que dans les parties qui l'accompagnent s'il y en a.

EXEMPLE DE RHYTHME DANS LA MÉLODIE.

EXEMPLE DE RHYTHME DANS UNE PARTIE SECONDAIRE. (BASSE)

MOUVEMENT.

On nomme mouvement le degré de vitesse ou de lenteur dans lequel un morceau doit être exécuté.

Il y a cinq principaux mouvements qui sont indiqués par des mots italiens.

1º. Largo ou Lento.   largement, lentement.

2º. Adagio.   posément, tranquillement.

3º. Andante.   à l'aise, en allant. abrév^{on} And^{te}

4º. Allegro.   gai, gaiement.   D^o. All^o.

5º. Presto ou Vivace.   avec prestesse, vivement. D^o. P^{sto}

Ces cinq mouvements ont des diminutifs ou des augmentatifs.

Larghetto. abrév^{on} Larg^{tto} dim^{tif} de Largo moins largement.

Andantino. D^o. And^{no} dim^{tif} d'Andante moins lentement.

Allegretto. D^o. All^{tto} dim^{tif} d'Allegro moins gai.

Prestissimo ou Vivacissimo. abrév^{on} Prest^{mo} Vivac^{mo}

Augmentatif le plus vivement possible.

AUTRES EXPRESSIONS PARTICULILIÈRES AU MOUVEMENT,
ajoutées aux précédentes.

Grave, gravement.	*Agitato*, avec agitation.
Maestoso, majestueusement.	*Con delicatezza*, avec délicatesse.
Sostenuto, soutenu.	*Un poco*, un peu.
Con brio, brillamment.	*Non troppo*, pas trop.
Scherzo, en badinant.	*Assai*, le plus possible.
Scherzando, id:	*Quasi*, presque.
Cantabile, chantant.	*Molto*, beaucoup.
	Poco a poco, peu à peu.

EXPRESSIONS INDIQUANT UN CHANGEMENT PASSAGER,
dans le mouvement.

Ritardendo, en retardant.	*Stringendo*, en serrant.
Ritenuto, en retenant.	*Accelerando*, en accelerant.
Rallentando, en ralentissant.	*Più*, plus *un poco più*, un peu plus.
Calando, en s'éteignant.	*Meno*, moins *poco meno*, un peu moins.
Non tanto, pas tant.	*A tempo*, reprendre le mouvement.
Tempo primo, le 1er mouvement.	*A piacere*, *ad libitum*, à volonté.

MÉTRONOME.

Le Métronome est un instrument qui, par un mécanisme ingénieux, transmet aux exécutants le degré exact de vitesse ou de lenteur, que l'auteur a voulu imprimer à la valeur de note prise comme unité de temps.

Voici la manière employée: l'auteur pour déterminer le mouvement place au dessus de la portée, au commencement d'un morceau, la valeur de note prise pour unité de temps, suivie d'un chiffre de l'échelle du métronome, $\flat = 60$ ou $\flat = 112$ ou $\flat = 120$ on n'a plus pour se conformer à son intention qu'à donner à chaque valeur, blanche noire ou croche la durée d'une oscillation du balancier.

N.º 30. NUANCES, EXPRESSION. NOTES D'AGRÉMENT.

Après l'étude des intonations et des durées vient celle de l'intensité ou degré de force des sons. Cette intensité résulte de l'amplitude des vibrations. Les *nuances* sont des modifications apportées dans le chant à l'intensité des sons.

L'*Expression* consiste à sentir vivement les nuances qu'un morceau de chant peut comporter et à les traduire de manière à faire partager aux auditeurs le senti_ment que l'on éprouve.

Pour indiquer les nuances diverses d'un morceau, les compositeurs se servent de signes ou de mots dont voici les plus usités.

Dolce, doux	*Con delicatezza*, avec délicatesse.
Con anima, avec âme.	*Grazioso* } avec grâce.
Con fuoco, avec feu.	*Con grazia*
Expressivo, avec expression.	*Legato*, lié
Amoroso } tendrement.	*Staccato*, détaché.
Con tenerezza	*Piano* ou *p* doux.
Affettuoso, affectueusement.	*Pianissimo* ou *pp* très doux
Crescendo ou *cres.* en croissant.	*Forte f* fort.
Decrescendo ou *decres.* en décroissant.	*Fortissimo ff* très fort.
Rinforzando ou *rinf.* en renforçant.	*Sforzando* en forçant.
Diminuendo ou *dim.* en diminuant.	*Smorzando* } en mourant.
Perdendosi, en se perdant peu à peu.	*Morendo*
Ben marcato, bien marqué.	*Mezza voce* } à demi voix.
Tenuto, tenir les sons.	*Sotto voce*

On appelle tenue la prolongation d'un son pendant un temps déterminé.

◁———— signe pour augmenter peu à peu l'intensité des sons, effet du *crescendo*.

————▷ signe pour diminuer peu à peu l'intensité des sons, effet du *decrescendo*.

◁———▷ Les deux effets combinés en commençant par le *crescendo* et finissant par le *decrescendo*.

signe pour accentuer l'attaque des notes.

plus fortement marqué.

couler, lier les notes.

staccato, détaché.

effet mixte. le staccato et le coulé réunis.

ORNEMENTS DU CHANT. NOTES D'AGRÉMENT.

Les notes d'agrément sont de plusieurs espèces; elles sont écrites en caractères plus petits, et doivent être exécutées sans altérer la mesure, le temps qui leur est nécessaire doit être pris, sur la durée des notes mesurées qu'elles précèdent ou suivent.

L'*Appogiature* (du verbe italien appuyer) se compose d'une ou deux notes précédant une note ordinaire, dont on prend la moitié environ pour leur durée, lorsqu'elles ne sont pas traversées par une petite barre.   Appogiature.

Exemple. 

Le *Grupetto* se compose de trois ou quatre petites notes; il est placé au dessus de la note à laquelle il emprunte sa valeur.

Le *Portamento* ou port de voix est une petite note indiquant qu'il faut faire enten_dre par anticipation le son de la note suivante.

Le *Mordente*, mordant ou brisé, est composé de deux petites notes qui se font vi_vement de manière à laisser à la note qui les suit la plus grande partie de sa valeur.

Le *Trille*, consiste à exécuter rapidement deux notes, à distance de secondes ma_jeure ou mineure selon la tonalité, pendant une durée déterminée. Lorsqu'on veut fermer le trille ou le cesser, on fait entendre, avant de se reposer sur la note principale, la note in_férieure, ce qui produit l'effet du Grupetto. On surmonte la note sur laquelle se fait le trille des lettres *tr*

Comme on le voit le trille peut commencer de deux manières, ou par la note écrite, ou par la note supérieure; dans le second cas on écrit celle-ci comme une appogiature devant la note qui porte le trille. Le *Trille* se compose de battements qui se succèdent rapidement selon l'agilité de la voix, et dont le nombre n'est pas déterminé, ces batte_ments sont formés par la note surmontée de *tr* et sa seconde ascendante. Quelquefois néanmoins on peut le commencer par l'appogiature inférieure.

Lorsque le trille doit avoir une certaine durée, il est bon de le commencer piano et lentement et d'en augmenter peu à peu la vitesse et la force; la voix se pose mieux et l'effet est meilleur.

L'*Arpége* (en italien arpeggio) se compose des notes qui forment un accord. Cet ornement n'est employé que par les instruments à clavier ou à cordes et ne concerne pas le chant; il se marque ainsi:

On emploie souvent dans l'instrumentation l'arpége comme formule d'accompa _gnement, mais alors on en mesure les notes, et elles ont toutes une valeur égale et déterminée

N.º 31.
ANALYSE DES ÉLÉMENTS DE LA PHRASE MUSICALE.
Modulations. Conseils aux chanteurs sur l'émission de la voix la respiration et la prononciation.

Un morceau de musique se compose d'un certain nombre de mesures, et ces mesures réunies par fragments, forment des phrases et des périodes, dans lesquelles on trouve la *carrure*, la *symétrie*, le *dessin*, la *répétition* et l'*imitation*. Cette division en phrases et en périodes est une sorte de ponctuation.

La *Carrure* est le nombre régulier de mesures qui, par série forment les phrases d'un morceau. Plusieurs séries de quatre ou de huit mesures forment une période. Le mot carrure vient de ce que les phrases sont ordinairement de quatre mesures. Cette division est la meil_leure, cependant les phrases de trois et de cinq mesures sont bonnes aussi, lorsqu'elles se suc_cèdent dans le même ordre symétrique.

La *Symétrie* est l'observation rigoureuse des règles de la carrure, et le rapport rhythmique des valeurs de notes employées. La Symétrie est en musique ce que le mètre est en poésie.

Le *Dessin* est la forme que l'on donne à la mélodie au moyen de l'emploi régulier de la symétrie et du rhythme.

La *répétition* consiste à faire entendre dans une période deux phrases semblables. Si la période est de huit mesures, ces phrases répétées sont chacune de quatre mesures.

L'*imitation* est la répétition du dessin et de la Symétrie d'une phrase ou d'une période, soit à la quinte, soit à la quarte, soit à la tierce du ton principal, dans une autre phrase ou période ou dans une autre partie, si le morceau en contient plusieurs.

RENTRÉE.

On appelle *rentrée* une petite série de notes qui servent à relier ensemble deux phrases. La rentrée est employée aussi comme moyen de ramener au ton ou au motif principal, lors_qu'on s'en trouve éloigné par des phrases incidentes.

MODULATIONS.

La modulation est le passage du ton principal dans un autre. Les modulations ont pour objet de détruire la monotonie ($\mu o \nu o \varsigma \ \tau o \nu o \varsigma$ en grec, ton unique) qui résulterait nécessairement de l'uniformité du ton, mais elles ne sont pas arbitraires et sont sou_mises à des règles.

Les modulations régulières sont celles qui ont le plus de rapport avec le ton prin_cipal.

Au tableau de la formation des gammes au moyen des tétracordes, nous avons vu que la gamme de Sol ne diffère de la gamme d'Ut que par une note le Fa #, et celle de Fa que par le Si ♭, il y a donc entre le ton d'Ut et ceux de Sol et de Fa une grande analogie.

Le ton d'Ut majeur a lui même de l'analogie avec son relatif La mineur. D'où il résulte que les modulations du ton d'Ut majeur en Sol majeur, en Fa majeur et en La mineur, sont régulières et faciles à reconnaître puisqu'elles sont caractérisées par l'apparition accidentelle des signes constitutifs de ces tons, ou par l'altération de la note sensible du mode relatif mineur. Ces modulations en amènent d'autres qui s'en_chaînent avec les précédentes et s'obtiennent de la même manière.

Les modulations imprévues sont d'un effet plus saisissant, mais leur durée est plus courte et comme elles ne sont pas soumises aux règles des précédentes,on les considère comme passagères et secondaires.

CONSEILS AUX CHANTEURS ET AUX ORPHÉONISTES.

Nous n'avons pas eu la prétention d'écrire une méthode sur l'art du chant, le but de ce traité est purement théorique, mais avant de le terminer nous croyons utile de formuler quelques avis aux chanteurs et aux orphéonistes qui,n'étant pas appelés à devenir des maîtres dans cet art, doivent cependant s'appliquer à tirer le meilleur parti possible de la voix que la nature leur a donné.

L'émission de la voix doit se faire naturellement et sans de grands efforts,pour la faciliter il faut que la tenue soit bonne, le corps droit, les épaules légèrement renversées en arrière de manière que, la poitrine étant bien développée,le jeu des poumons soit libre et aisé.

La respiration est très importante, respirer à propos est une chose qui demande beaucoup de soin. Il ne faut jamais couper un mot par la respiration;certaines phrases musicales exigent la même précaution.Si l'on n'a pas prévu le moment propice et si l'on n'a pas ménagé sa respiration pour en avoir suffisamment,on commet malgré soi ce genre de fautes. Si l'on veut prolonger la durée de la respiration, il faut en ménager l'essor dès le commencement.

La voix sort naturellement de la poitrine,cependant lorsque le chanteur veut atteindre les sons aigüs de son diapason, il est forcé de prendre un genre de voix dont le timbre s'adoucit,et que l'on nomme voix de tête,parce qu'elle semble en effet en sortir.

On nomme *mixte* le genre de voix qui sert de transition entre les voix de poitrine et de tête, et *sombré* celui auquel on imprime une couleur sombre et concentrée pour produire l'effet exigé par le sens des paroles et de la phrase musicale.

Le défaut le plus grave que les chanteurs inexpérimentés doivent s'appliquer à éviter est l'exagération des effets et surtout des *forte*. On peut chanter fort et donner toute sa voix sans arriver à des cris. Cette exagération,d'un effet pitoyable,amène promptement la fatigue et casse la voix, instrument délicat et fragile qui exige de grands soins dans les habitudes de la vie.

La *Prononciation* est une des conditions essentielles de l'art du chant. Si pour la bonne émission de la voix il faut desserrer les dents et ouvrir la bouche;pour la bonne prononciation,l'on doit articuler bien nettement les syllabes et les mots. Ce qui serait exagération en parlant n'est que bien dans le chant. Si la mélodie a du charme par elle même,les paroles qui y sont adaptées ont leur intérêt particulier et l'auditeur éprouve un grand désappointement lorsqu'il ne peut saisir le sens. Les e muets qui terminent les mots doivent tomber en désinence,et sans être supprimé le son de la note qui les comporte peut être moins accentué. Pour que les voyelles soient distinctes dans l'articulation des mots leur émission doit être nette et soignée.

Les consonnes doivent être articulées durement et comme doublées pour que le mot qui les contient se perçoive distinctement.On nomme *coryphées* les chanteurs auxquels, dans un choeur sont confiées les phrases qui doivent être dites par une voix seule;*choristes* ceux qui chantent leur partie dans un choeur,et *chefs d'attaque* ceux qui,plus expérimentés que la masse des choristes,sont chargés de les entrainer et de diriger les attaques de leur partie.

THÉORIE DU PLAIN-CHANT.

N.º 1.   **ORIGINE DU PLAIN-CHANT.**

Modes grecs. Chant Ambroisien, Chant Grégorien, modes Authentes et Plagaux, Tableau des douze modes.

Le Plain-chant (cantus planus chant plane uniforme) est le chant en usage dans les églises.

Il faut remonter aux premiers siècles du christianisme pour en trouver l'origine, il a donné naissance à la musique moderne et pendant longtemps en a tenu lieu.

La musique des grecs répandue dans tout l'orient et à Rome, aux premiers siècles, a fourni ses principaux éléments au plain-chant, et les chrétiens ont dû lui emprunter, pour chanter les louanges de Dieu, un certain nombre de mélodies auxquelles ils adaptaient les prières de leur culte.

Quoique le genre chromatique fut connu des grecs, le genre diatonique qu'ils réservaient pour leurs chants graves et religieux fut adopté de préférence pour l'usage du Plain-chant.

Les grecs avaient sept modes, ou sept manières de commencer la gamme. Ils donnaient à ces sept modes pour les distinguer, les noms des différents peuples chez lesquels ils étaient en usage.

Modes Dorien, Phrygien, Lydien, Ionien, Eolien, etc. Ces modes, adoptés par les chrétiens, ont continué, pendant longtemps, à porter ces noms.

On attribue à S.ᵗ Ambroise, évêque de Milan, au IV.ᵉ siècle, les premières règles imposées à l'art du Plain-chant.

Des sept modes grecs il en conserva six. La note Si, note mobile alors puisqu'elle était figurée par la lettre ♭ qui se chantait de deux manières selon sa forme ♭ ou ♮ fut négligée par S.ᵗ Ambroise, comme n'ayant pas un son fixe, et ne se prêtant pas par cela même à être prise comme point de départ d'un mode.

La quarte majeure *fa* et *si* et son complément *si fa* (quinte mineure) assez dures à l'oreille, devaient être modifiées dans la pratique, par l'emploi du bémol. Les Théoriciens qui croient retrouver la trace d'un mode ayant pour finale la note *si* pourraient difficilement le prouver.

Les modes grecs conservés par S.ᵗ Ambroise furent ceux de *Ré*, de *Mi*, de *Fa*, de *Sol*, de *La* et d'*Ut*.

Il faut remarquer que ces modes qui ne diffèrent entr'eux que par la position des secondes majeures et mineures, ont tous la quinte majeure au grave et la quarte mineure à l'aigu.

Sur ces modes S.ᵗ Ambroise composa un certain nombre de pièces de Plain-chant, entr'autres le *Te deum* et la *préface*. On nomme ces modes, authentes. (authentiques ou primitifs)

Au VI.ᵉ siècle, S.ᵗ Grégoire, pape, trouvant que les modes de S.ᵗ Ambroise ne suffisaient plus, et cherchant un moyen d'en augmenter le nombre, pour donner plus de va-

riété au chants de l'église, imagina de doubler ces modes en les portant à 12. Pour ce_
la il lui suffit de changer la position des quintes et des quartes des modes Ambroisiens,
tout en conservant aux six nouveaux modes la même tonique ou note finale.

Dans les modes ajoutés par S! Grégoire, la quarte est au grave et la quinte à l'aigu
et la note finale ou tonique, au lieu d'être au grave se trouve à peu près au milieu de
l'échelle ou de l'étendue du mode.

Les modes de S! Grégoire se nomment *plagaux* (ou plagiaires) puisqu'ils ne sont
qu'une variante des modes *authentes*. Ce Pape fonda à Rome une école de chant et
composa une grande partie des pièces encore en usage.

On nomme *compairs* les modes authentes et plagaux qui ont la même finale, et
ne diffèrent l'un de l'autre que par le déplacement de la quinte et de la quarte.

Les *douze* modes de S! Ambroise et de S! Grégoire que l'on a depuis réduits à
huit se classaient ainsi:

TABLEAU DES DOUZE MODES.

1er	mode finale *ré*	étendue de *ré* en *ré*	(	Dorien		*S! Ambroise.*
2e	mode finale *ré*	étendue de *la* en *la*	(	hypo Dorien		*S! Grégoire.*
3e	mode finale *mi*	étendue de *mi* en *mi*	(	Phrygien		*S! Ambroise.*
4e	mode finale *mi*	étendue de *si* en *si*	(	hypo Phrygien		*S! Grégoire.*
5e	mode finale *fa*	étendue de *fa* en *fa*	(	Lydien		*S! Ambroise.*
6e	mode finale *fa*	étendue d'*ut* en *ut*	(	hypo Lydien		*S! Grégoire.*
7e	mode finale *sol*	étendue de *sol* en *sol*	(	mixo Lydien		*S! Ambroise.*
8e	mode finale *sol*	étendue de *ré* en *ré*	(	hypo mixo Lydien		*S! Grégoire.*
9e	mode finale *la*	étendue de *la* en *la*	(	Eolien		*S! Ambroise.*
10e	mode finale *la*	étendue de *mi* en *mi*	(	hypo Eolien		*S! Grégoire.*
11e	mode finale *ut*	étendue d'*ut* en *ut*	(	Ionien		*S! Ambroise.*
12e	mode finale *ut*	étendue de *sol* en *sol*	(	hypo Ionien		*S! Grégoire.*

N.º 2.   NOTATION FIGURE DES NOTES.

leur valeur. Signes des anciennes notations,
Clefs, Portée, Signes altératifs.

Sans rechercher toutes les transformations qu'ont dû subir les figures de notes pour
arriver jusqu'à nous; nous remarquerons que les signes de notation très nombreux chez
les grecs, furent réduits aux quinze premières lettres de l'alphabet au V.e siècle, et en_
fin aux sept premières, par S! Grégoire au VI.e siècle, on les portait à huit en répétant
au grave la 7.e note *G*. nous rappelerons aussi que c'est Guy d'Arezzo qui substitua aux
six lettres C D E F G A *encore* en usage au onzième siècle, les noms des notes, *ut ré
mi fa sol* et *la*. Le *si* n'a été adopté pour remplacer la lettre B qu'au XVII.e siècle.
Cette lacune était un obstacle continuel, et, pour tourner la difficulté, on faisait ainsi:

Pour chanter	Ut	Ré	Mi	Fa	Sol	La	Si	Ut
on disait:	Ut	Ré	Mi	Fa	Ut	Ré	Mi	Fa
Pour chanter	Ut	Ré	Mi	Fa	Sol	La	Si♭	Ut
on disait:	Ut	Ré	Mi	Fa	Ré	Mi	Fa	Sol

La seconde mineure s'exprimait toujours par *mi fa* en montant et *fa mi* en descendant. Cela s'appelait chanter par *nuances*. Il y avait aussi la notation par *neu-mes* signes de convention que l'on plaçait au dessus du texte et qui par leurs formes diverses indiquaient les formules du chant.

Cette notation vague pouvait différer selon la fantaisie du chantre chargé d'en trans-mettre l'enseignement, et il est devenu presque impossible de la traduire. Les vieux ma-nuscrits qui en portent quelques traces sont très rares.

Au 8.me siècle, Damascenus imagina de tracer deux lignes qui renfermaient les sept lettres grégoriennes.

Vers le 11.me siècle, Guy d'Arezzo chercha à fixer la notation; il réduisit à quatre les lignes de la portée, et plaça les signes de notation sur ces lignes et dans les interlignes; mais ce ne fut qu'au XIVme siècle que cet usage fut généralement adopté.

Les lignes supplémentaires restèrent longtemps inusitées, et, lorsque les quatre lignes de la portée étaient insuffisantes, on changeait pendant le cours du morceau la clef qui avait indiqué la position des notes.

On attribue aussi à Guy d'Arezzo l'invention des clefs d'*ut* et de *fa* qui peuvent se placer sur toutes les lignes de la portée.

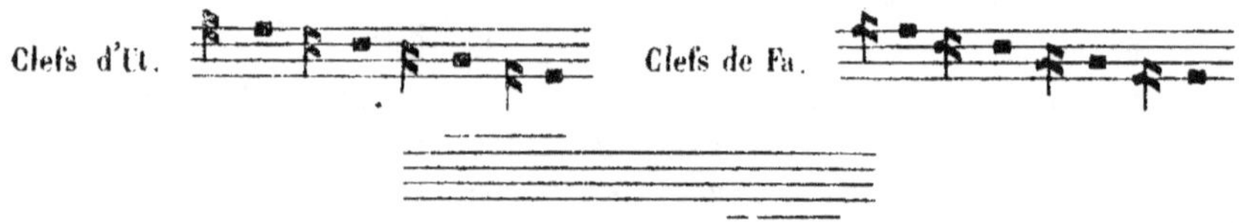

au moyen de ces lignes ajoutées selon l'étendue du chant, les changements de clef sont devenus inutiles

De nos jours, ces huit clefs d'*ut* et de *fa* ne sont pas toutes usitées, excepté dans la transposition des modes. Les pièces de Plain-chant sont notées, pour la plus grande par-tie, en clefs d'*ut* sur la 3e. et la 4e. ligne, et en clef de *fa* sur la 3e. ligne.

On a caractérisé pendant longtemps le Plain-chant sous les dénominations de chant Ambroisien et Grégorien. Dans le chant de Reims que quelques Diocèses de France ont adopté, les quatre clefs d'*ut* et de *fa* sont conservées, celles d'*ut* pour les modes Authentes et cel-les de *fa* pour les modes Plagaux.

VALEURS DES NOTES.

Les notes du Plain-chant sont de trois sortes :

La longue   qui vaut une brève et une semi brève.

La brève   qui vaut deux semi brèves.

La semi brève

La brève ou note commune est la plus usitée, on ne rencontre la longue que devant la semi brève. La semi brève ne s'emploie que sur les syllabes brèves du texte latin.

Le Plain-chant n'est pas mesuré et son Rhythme n'est appréciable que par le rap-port des longues, brèves et semi brèves avec la quantité latine.

Si l'on rencontre, dans quelques livres de Plain-chant, des pièces mesurées à deux à trois, ou à quatre temps, elles sont relativement nouvelles et ne diffèrent de la musique que par la notation, c'est surtout dans le chant parisien que l'on en trouve un certain nombre, elles caractérisent la transition de la musique ancienne à la moderne.

Le Bémol ne s'emploie que comme altération du *si*, on le place devant cette note, ou à la clef: quelquefois on le rencontre devant le *mi*, mais rarement.

Le Dièze est tout à fait étranger au Plain-chant.

Il peut arriver que sous l'influence de l'art moderne et de certaines traditions on le fasse entendre, mais ce ne peut être qu'une tolérance qui n'autorise pas à l'employer comme signe altératif.

Le *si* bémol placé à la clef agit, comme en musique, pendant toute la durée du morceau, et pour en détruire l'effet momentanément, il faut employer le ♮. Le *si bémol* accidentel agit devant la note et les semblables chantées pendant la durée du mot qui les comporte. Si la note altérée est liée à d'autres notes, on met le bémol à la première note de la liaison, quoi qu'il n'ait d'influence que sur les *si*.

N°. 3.   MODES OU TONS DU PLAIN-CHANT MODERNE.

Secondes majeures et mineures. Tierces mineures directes et inverses.

TABLEAU DES 12 MODES.
avec leur étendue leur finale et leur dominante.

Comme il a été dit plus haut, les modes du Plain-chant ne diffèrent entr'eux que par leur point de départ ou tonique et la position des secondes majeures et mineures.

Le tableau des modes Authentes et Plagaux du N°.1. constate l'existence de douze modes que l'on a réduit à huit en transposant les quatre derniers dans les huit premiers.

On nomme *tonique* ou note finale, la note qui termine une pièce de Plain-chant, les tons Authentes commencent leur gamme par la tonique qui, dans les modes Plagaux se trouve à la quarte.

On nomme *dominante* la note qui se représente souvent pendant une pièce de Plain-chant.

Chaque mode à une dominante différente qui n'est pas, comme dans la musique à la même distance de la tonique.

Dans le chant des Psaumes la dominante est facile à reconnaître

L'étendue des modes est de huit à neuf notes, on peut ajouter la neuvième au grave ou à l'aigu.

Les modes se marquent avec un chiffre qui peut être suivi de la lettre de l'ancienne notation qui indique la finale, ainsi on trouve:

1.er   en D ou *Ré*

1.er   en A ou *La*   (c'est l'ancien 9.me dont la finale était *La*.)

5.me   en F ou *Fa*

5.me   en C ou *Ut*   (ancien 11.me dont la finale était *Ut*.)

Les modes peuvent être, en se mettant au point de vue de la musique, majeurs ou mineurs.

Ils sont majeurs lorsque la tierce de la tonique est majeure, et mineurs lorsqu'elle est mineure.

EX: *Fa La* Fa tonique, La tierce majeure, le mode est majeur.

EX: *Ré Fa* tierce mineure ⎫
    Mi Sol tierce mineure ⎭ modes mineurs

Lorsque dans le Plain-chant. la tierce se compose d'une seconde majeure et

48

d'une seconde mineure comme *Ré Fa* le mode est *mineur direct* lorsqu'elle se com_
pose d'une seconde mineure et d'une majeure comme *Mi Sol* le mode est mineur
indirect

LES DOUZE MODES.

Compairs
meme finale.

> 1er MODE dit Dorien lettre D.
> Clef d'Ut 4e ligne, *finale* Ré, *étendue* de Ré en Ré.
> *dominante* La, mode mineur direct et Authente.
> 2e MODE hypo-Dorien lettre D.
> Clef de Fa 3e ligne, *finale* Ré, *étendue* de La en La.
> *dominante* Fa, mode mineur direct et Plagal.

idem.

> 3e MODE Phrygien lettre E.
> Clef d'Ut 4e ligne, *finale* Mi, *étendue* de Mi en Mi.
> *dominante* Ut, mode mineur indirect Authente.
> 4e MODE hypo Phrygien lettre E.
> Clef d'Ut 4e ligne, *finale* Mi, *étendue* de Si en Si.
> *dominante* La, mode mineur indirect Plagal.

idem.

> 5e MODE Lydien lettre F.
> Clef d'Ut 3e ligne, *finale* Fa, *étendue* de Fa en Fa.
> *dominante* Ut, mode majeur Authente.
> 6e MODE hypo-Lydien lettre F.
> Clef d'Ut 4e ligne, *finale* Fa, *étendue* d'Ut en Ut.
> *dominante* La, mode majeur Plagal.

idem.

> 7e MODE mixo Lydien lettre G.
> Clef d'Ut 3e ligne, *finale* Sol, *étendue* de Sol en Sol.
> *dominante* Ré, mode majeur Authente.
> 8e MODE hypo mixo Lydien lettre G.
> Clef d'Ut 4e ligne, *finale* Sol, *étendue* de Ré en Ré.
> *dominante* Ut mode majeur Plagal.

idem.

> 9e MODE Eolien lettre A. (transposé dans le 1er)
> Clef d'Ut 2e ligne, *finale* La, *étendue* de La en La.
> *dominante* Mi, mode mineur direct Authente.
> 10e MODE hypo Eolien lettre A. (transposé dans le 2e)
> Clef d'Ut 3e ligne, *finale* La, *étendue* de Mi en Mi.
> *dominante* Ut, mode mineur direct Plagal.

idem.

> 11e MODE Ionien lettre C. (transposé dans le 5e)
> Clef d'Ut 1re ligne, *finale* Ut, *étendue* d'Ut en Ut.
> *dominante* Sol, mode majeur Authente.
> 12e MODE hypo Ionien lettre C. (transposé dans le 6e)
> Clef d'Ut 2e ligne, *finale* Ut, *étendue* de Sol en Sol.
> *dominante* Mi, mode majeur Plagal.

Dans les livres notés de quelques Diocèses les finale et dominante sont indiquées par
deux notes superposées à gauche de la clef au commencement de chaque pièce.

Les neuvième et dixième modes ont été transposés dans les premier et deuxième modes dont la tierce est mineure directe comme la leur, et les 11me et 12me modes dans les 5me et 6me modes qui ont comme eux leur tierce majeure.

EX:	*Ré Fa*	} tierces	des 1er et 2me	modes.
	La Ut	} mineures	des 9me et 10me	
	Fa La	} tierces	des 5me et 6me	modes.
	Ut Mi	} majeures	des 11me et 12me	

Ces douze modes se trouvent ainsi réduits à huit; on reconnait l'ancien *neuvième* devenu 1er au bémol qui arme la clef; l'ancien *dixième* devenu 2me lorsque ce dernier est écrit en clef d'Ut 3me ligne au lieu de l'être en clef de Fa, l'ancien *onzième* devenu 5me et l'ancien *douzième* devenu 6me lorsqu'ils sont armés du bémol.

N.º 4. TABLEAU DES MODES COMPAIRS RÉUNIS.

Modes mixtes. Position des secondes majeures et mineures.

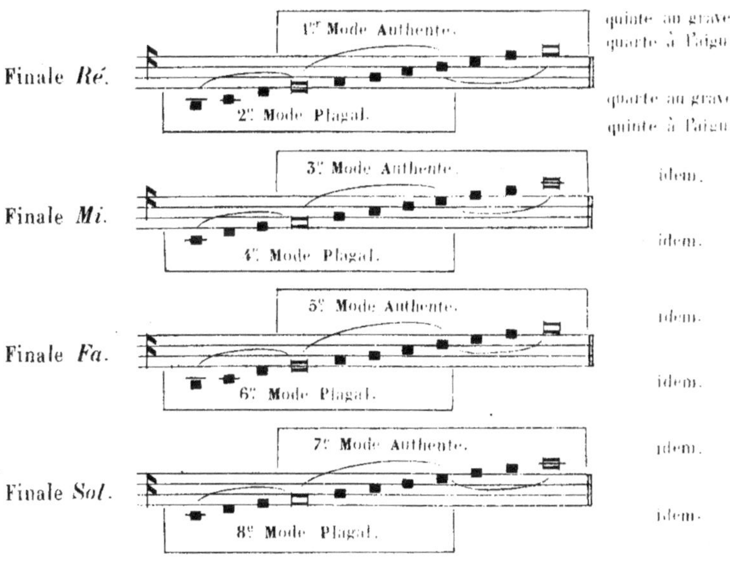

MODES MIXTES.

On nomme ainsi; les modes Authentes qui empruntent, au grave, une partie des notes de l'étendue de leur Plagal.

Ainsi: au tableau qui précède, l'étendue réunie des deux modes (*un et deux*) est de onze notes, du *La* grave au *Ré* aigu. Une pièce de Plain-chant qui aurait cette étendue serait du genre mixte, et cette pièce serait marquée; 1er ton mixte.

Le Salve Regina et la Prose Lauda Sion sont du genre mixte.

Remarque: Les modes plagaux tirant leur origine des authentes et ayant la même finale, les modes mixtes prennent toujours les chiffres des authentes, 1.3.5.et 7.

TABLEAU DES HUIT MODES CONSERVÉS.

Position des secondes mineures dans chacun d'eux.

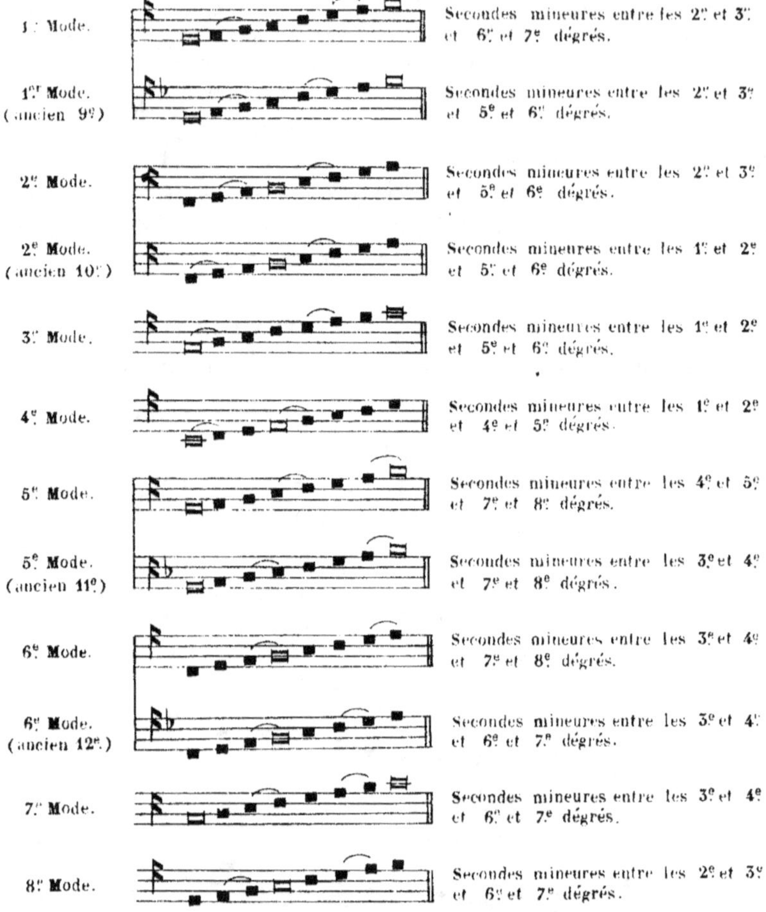

En examinant avec soin la position des secondes mineures et les finales des modes dans le tableau précédent, on voit qu'il y a entre chacun d'eux quelque différence.

Ainsi la gamme du 8.e mode est semblable à celle du 1.er mais la tonique ou finale n'est pas la même, l'ancien 9.e devenu 1.er diffère de ce dernier par la position d'une des secondes mineures, l'ancien *dixième* devenu 2.e a conservé la clef qui lui était propre, et si l'on veut le chanter en substituant la clef de Fa du 2.e mode à la clef d'Ut 3.e ligne, il faut supposer, comme dans les 9.e 11.e et 12.e transposés, un bémol à la clef, ce qui déplace naturellement une seconde mineure.

Il peut arriver qu'un mode soit transposé, c'est-à-dire que la clef ne soit pas celle qui lui appartient ordinairement. Pour le chanteur cela n'a pas d'inconvénient, et la finale et l'étendue restant les mêmes, la différence ne consiste que dans le changement de clef.

Pour les instruments qui accompagnent les voix à l'église, les règles de la transposition qui feront le sujet d'un numéro de ce traité mettront l'exécutant à même de trancher la difficulté.

N.º 5.   SIGNES USUELS.

Prolation, Guidon, Astérisque, Barres de séparation, Neumes.

PROLATION. (prolongation.)

On nomme ainsi deux notes brèves rapprochées l'une de l'autre qui précèdent un
un repos sur la finale. Il faut en prolonger la durée pour faire sentir le repos sur la
finale qui va les suivre.

GUIDON.

Pour avertir le chanteur, on place à la fin de chaque portée, la première note de la
portée suivante. Cette note ne doit pas être chantée; elle prend le nom de *Guidon*.

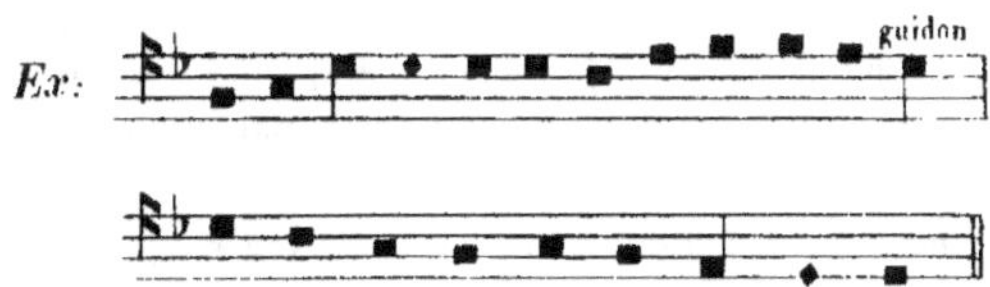

ASTÉRISQUE.

L'astérisque ✳ se met dans le cours d'un morceau, pour avertir qu'après un *verset*,
ou le *Gloria Patri*, on doit reprendre à ce signe.

S'il y a lieu dans ce même morceau de reprendre à une autre partie, on ne se sert
plus de l'astérisque, mais de ce signe †

BARRES DE SEPARATION.

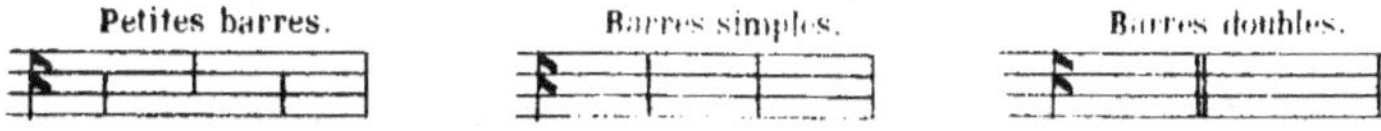

Dans quelques livres notés, la *petite barre* sert à séparer chaque mot. Ce procédé
est mauvais, surtout pour les monosyllabes et les mots qui ne prennent que peu de notes. Les petites barres doivent bien plutôt servir à séparer de courtes périodes, et à
indiquer le moment ou l'on peut respirer, elles équivalent dans le Plain-chant à la virgule dans le style.

Les *Barres simples* indiquent un léger repos après une période plus développée;
elles équivalent au point et virgule ou aux deux points.

Les *Barres doubles* indiquent le repos final, ou la fin d'une des parties qui composent un morceau. C'est en Plain-chant l'équivalent du point qui, dans le style, marque la fin des phrases.

La Neume qu'il ne faut pas confondre avec l'ancienne notation en neumes, est une
série de notes que l'on vocalise après l'Alleluia répété deux fois. Cet Alleluia est suivi
d'un verset après lequel on le répète encore une fois avec sa neume.

N.º 6. PSALMODIE.

Nom des parties de l'office ou elle se trouve.
Conseils aux chantres. Notions sur la quantité.

La *Psalmodie* est le chant des psaumes. Les parties de l'office divin dans lesquelles on la trouve sont les 1.ʳᵉˢ et 2.ᵉˢ Vêpres, les Matines, Laudes, Tierce, Sexte, None et Complies.

Pour *psalmodier* il faut connaître et bien observer:

    1.º l'Intonation.
    2.º la Dominante.
    3.º la Médiation.
    4.º la Médiante.
    5.º la Terminaison.

L'*Intonation* diffère selon le mode du Plain-chant, et ne se fait qu'au premier verset des psaumes; les autres versets commencent par la Dominante. Il est indispensable de savoir par cœur l'Intonation et la Médiation.

La *Dominante* est la note sur laquelle se chantent presque tous les mots des versets; on l'appelle souvent *teneur*.

La *Médiation* est une note que l'on fait sentir en l'appuyant, avant le repos sur la médiante (milieu du verset). chaque verset est coupé en deux parties; cette séparation est marquée par un *astérisque*.

La *Médiante* est la note sur laquelle on fait un léger repos, et qui termine la première partie d'un verset.

La *Terminaison* se compose d'un certain nombre de notes qui terminent le verset.

Il n'est pas nécessaire de savoir par cœur les différentes terminaisons, parce qu'elles sont toujours indiquées dans les livres, à la suite de l'antienne propre à chaque psaume:

Les *Intonation*, *Médiation* et *Terminaison* se composent d'un petit nombre de notes auxqu'elles on adapte des syllabes. Elles comportent 2, 3, et même 4 syllabes, et la difficulté de la Psalmodie est d'y bien adapter ces syllabes, en leur donnant la quantité latine qui qui leur est propre.

On nomme *Liaison* deux ou plusieurs notes chantées sur une seule syllabe.

Les 1.ᵉʳ 3.º 4.º 6.º et 7.º modes, réguliers, ont une liaison à l'intonation, les 2.º 5.º et 8.º n'en ont pas.

Le mot *régulier* s'applique aux modes non transposés; le mot *irrégulier* à ceux que l'on a transposé dans les huit modes conservés, les anciens 9.º 10.º 11.º et 12.º

Ces mots *régulier* et *irrégulier* ne sont usités que dans la Psalmodie.

L'Intonation, la Médiation et la Terminaison des quatre modes transposés, 9.º 10.º 11.º et 12.º sont restées les mêmes que lorsqu'on ne les avait pas fondus en les transposant dans les autres.

Dans le Psalmaudie les paroles latines ont des syllabes longues et brèves, comme dans les autres pièces de Plain-chant, mais avec cette différence qui, dans ces dernières qui sont entièrement notées, les valeurs de notes sont en rapport avec le texte, tandis que dans les Psaumes il n'y a pas de notation.

Nous donnerons quelques notions à ce sujet pour remédier, autant que possible, à l'inconvenient qui résulte pour la plupart des chantres, de l'ignorance dans laquelle ils sont de langue latine.

Les *mots* de deux syllabes sont *longs*, mais la dernière syllabe de ces mots devient brève devant un monosyllabe qui lui est uni par le sens.

Les *monosyllabes* sont longs. Deux *monosyllabes* se suivant sont considérés comme un mot de deux syllabes longues.

Dans les mots de *trois syllabes*, celle du milieu est souvent brève. Dans ceux de *quatre syllabes*, la brève peut-être la pénultième ou l'anté-pénultième.

On trouve dans quelques livres, sur le texte des Psaumes, des *accents* placés sur une des syllabes des mots qui en ont plus de deux.

Lorsque l'*accent* est placé sur l'avant dernière toutes les syllabes sont longues; s'il est sur l'anté-pénultième, l'avant dernière est brève.

Si, dans une phrase, un mot de plus de deux syllabes est suivi d'un monosyllabe, la dernière syllabe de ce mot est brève et les autres sont longues, lors même que l'avant dernière du mot serait brève de sa nature, car l'usage, dans la psalmodie, n'admet pas deux brèves de suite.

La voyelle y et les Diphthongues *ae oe* ne portent pas d'accent et sont longues; les syllabes qui les suivent se font brèves, qu'elles soient pénultièmes ou ante-pénultièmes d'un mot de plusieurs syllabes.

Dans la Psalmodie les syllabes brèves ne comptent pas dans les *intonations liées* les *médiations* et les *terminaisons*.

Il est difficile d'entrer dans de plus grands détails, mais l'usage, la pratique et l'intelligence pourront y suppléer en donnant l'habitude nécessaire et les connaissances indispensables.

Peu de chantres possèdent suffisamment la Psalmodie.

Lorsque la première partie d'un verset se termine par un monosyllabe, ou un mot hébreu, on fait le repos de la médiation sur la note la plus élevée de cette médiation.

Lorsque les Psaumes sont chantés à deux chœurs, ou à deux voix, il est bon de lire d'avance le verset que l'on va chanter, pour en préparer la division, et ne pas être surpris par quelque difficulté imprévue. Lorsque l'on chante alternativement il ne faut jamais commencer un verset avant que le précédent ne soit entièrement terminé.

L'*articulation* doit être nette et la *prononciation* bien accentuée. Il ne faut pas faire entendre **Dixi Dominus** lorsqu'il y a *Dixit Dominus* ou bien *mea peries* au lieu de *mea aperies* le *t* et le *d* doivent se distinguer dans *Dixit Dominus* et les deux *a* dans *mea aperies*.

Il est important de ne pas respirer au milieu des mots.

La *respiration* est un petit repos que l'on doit éviter de faire entre deux mots qui sont liés entr'eux par leur sens, tels que: *in te; a dextris meis, et in terra, voluntas tua.*

N.º 7.   TABLEAU DES INTONATIONS.
Médiations et terminaisons des Psaumes,
Terminaisons complètes et incomplètes, Modes réguliers et irréguliers.

Le chant romain étant le plus généralement suivi, depuis quelques années, dans les Diocèses de France, les *modes* de ce tableau sont tirés des livres notés des Diocèses de Rennes et de Versailles, qui suivent la liturgie romaine.

Les *terminaisons* étant de plusieurs espèces pour chaque *mode*, on les désigne par les mots de terminaisons *complètes* et *incomplètes*

Les *complètes* sont marquées par une lettre *majuscule*, comme 1.ᵉʳ en D, 5.ᵐᵉ en F, elles s'arrêtent sur la tonique, ou finale du mode.

Les *incomplètes* se marquent par des *minuscules*, comme 1ᵉʳ en *f* ou *fa* 1ᵉʳ en *a* ou *la* ce qui signifie qu'au lieu de descendre jusqu'à la note finale du mode, elles s'arrêtent à la note désignée par la *minuscule*.

Les *terminaisons incomplètes* sont moins solennelles que les complètes. Nous ne donnerons dans le tableau qui va suivre qu'une terminaison pour chaque mode la plus solennelle ou la plus usitée.

1ᵉʳ MODE.
en D ré.
régulier.

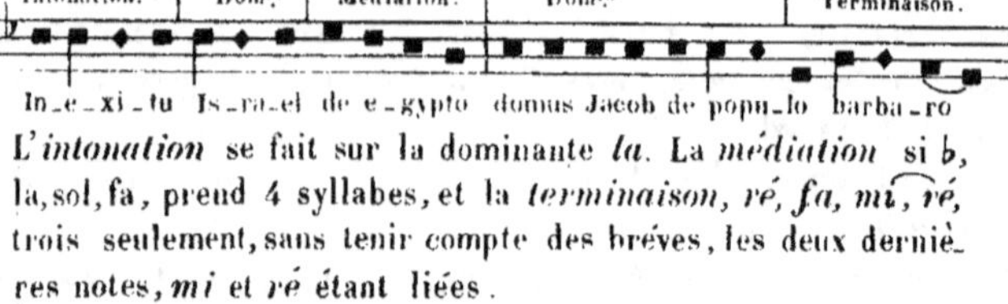

L'*intonation* est, fa sol la deux syllabes, liaison sur la 2ᵐᵉ
La *médiation* est *droite*, la voix appuie en prolation sur son
avant dernière syllabe; la *terminaison* est compléte, prend 4 .
syllabes longues et se marque souvent par un J.

1ᵉʳ en A la.
irrégulier.
ancien 9ᵉ dont la
finale était A ou La.

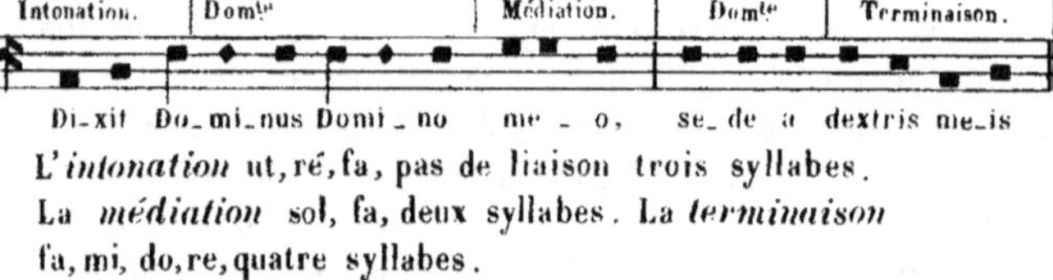

L'*intonation* se fait sur la dominante *la*. La *médiation* si ♭,
la, sol, fa, prend 4 syllabes, et la *terminaison, ré, fa, mi, ré,*
trois seulement, sans tenir compte des bréves, les deux derniè_
res notes, *mi* et *ré* étant liées.

2ᵉ en D ré.
régulier.

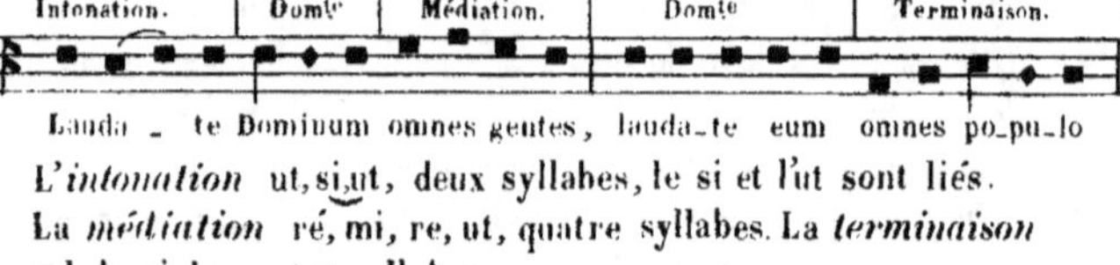

L'*intonation* ut, ré, fa, pas de liaison trois syllabes.
La *médiation* sol, fa, deux syllabes. La *terminaison*
fa, mi, do, re, quatre syllabes.

2ᵉ en A la.
irrégulier.
ancien 10ᵉ dont la
finale était La

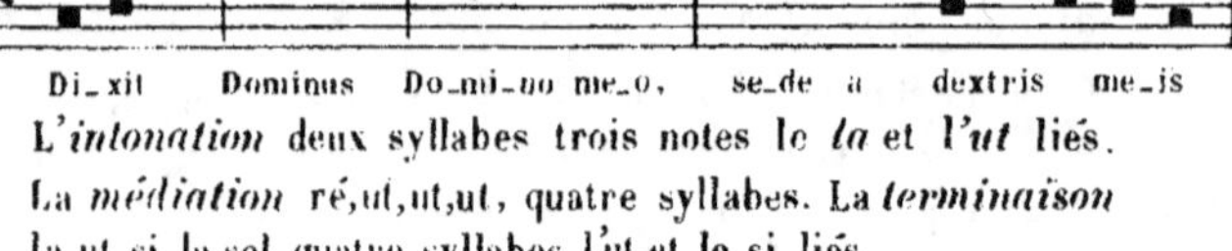

L'*intonation* ut, si, ut, deux syllabes, le si et l'ut sont liés.
La *médiation* ré, mi, re, ut, quatre syllabes. La *terminaison*
sol, la, si, la, quatre syllabes.

3ᵉ en E mi.
régulier.

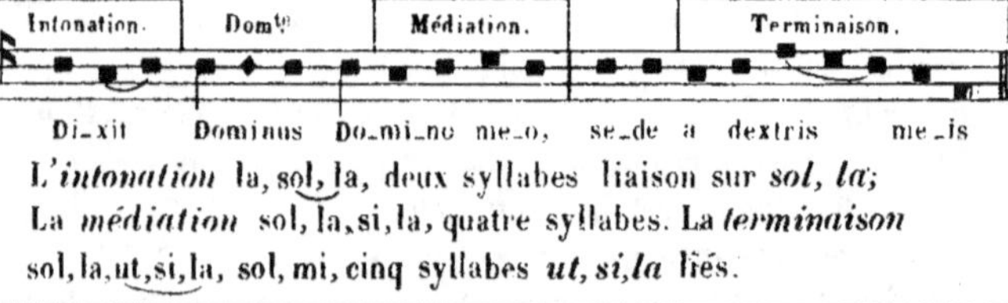

L'*intonation* deux syllabes trois notes le *la* et l'*ut* liés.
La *médiation* ré, ut, ut, ut, quatre syllabes. La *terminaison*
la ut si la sol quatre syllabes l'*ut* et le *si* liés.

4ᵉ en E mi.
régulier.

L'*intonation* la, sol, la, deux syllabes liaison sur *sol, la*;
La *médiation* sol, la, si, la, quatre syllabes. La *terminaison*
sol, la, ut, si, la, sol, mi, cinq syllabes *ut, si, la* liés.

5. en F fa.
régulier.

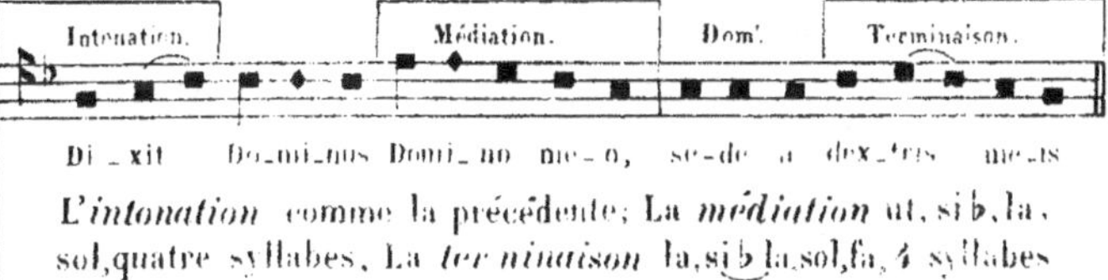

L'*intonation* fa, la, ut, trois syllabes les brèves comptent parce qu'ils n'y a pas de liaison. La *médiation* ré, ut, deux syllabes; La *terminaison* ré, si, ut, la, quatre syllabes.

5. en C ut.
irrégulier.
ancien 11.e dont la finale était C ou Ut.

Intonation.
Dom.^{te}
Médiation.
Dom.^{te}
Terminaison.
Di_xit Do_mi_nus Do_mi_no me_o, se_de a dex_tris me_is

L'*intonation* comme au 5.e régulier. La *médiation* idem. La *terminaison* la si♭ la sol fa quatre syllabes, cinq notes dont deux *sib la* sont liées.

6. en F fa.
régulier.

Intonation.
Dom.^{te}
Médiation.
Dom.^{te}
Terminaison.
Di_xit Do_mi_nus Domi_no me_o, se_de a dextris me_is

L'*intonation* fa, sol la, avec liaison, deux syllabes; La *médiation* la, la, deux syllabes; La *terminaison* fa, sol la, sol, fa, quatre syllabes.

6. en C ut.
irrégulier.
ancien 12.e dont la finale était Ut.

Intonation.
Médiation.
Dom.^{te}
Terminaison.
Di_xit Do_mi_nus Domi_no me_o, se_de a dex_tris me_is

L'*intonation* comme la précédente; La *médiation* ut, si♭, la, sol, quatre syllabes. La *terminaison* la, si♭ la, sol, fa, 4 syllabes

7.e en G sol.
régulier.

Intonation.
Dom.^{te}
Médiation.
Terminaison.
Di_xit Do_mi_nus Do_mi_no me_o, se_de a dextris meis

L'*intonation* ut si, ut ré, quatre notes liées, de deux en deux, deux syllabes, La *médiation* fa, mi, ré, mi, quatre syllabes; La *terminaison* mi, ré, ut, si la, cinq notes, quatre syllabes

8.e en G sol.
régulier.

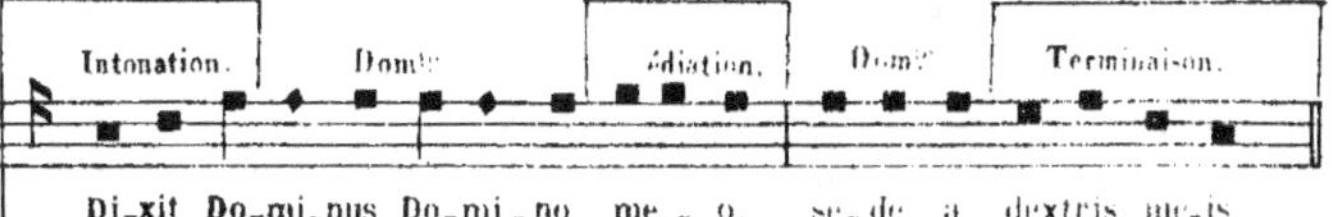

L'*intonation* sol, la, ut, trois syllabes; La *médiation* ré, ut, deux syllabes; La *terminaison* si, ut, la, sol, quatre syllabes.

Les terminaisons des versets des **Psaumes**, se marquent ainsi, à la suite des Antiennes :

Ces voyelles sont tirées des mots *seculorum amen*
c u o u   a e

Les *antiennes* sont des pièces de chant qui précèdent les Psaumes et que l'on répète avant et après ces Psaumes, aux *fêtes doubles*.

Aux *semi-doubles*, on en fait seulement l'intonation avant le chant du Psaume cela s'appelle imposer l'Antienne et on ne la chante en entier que quand le Psaume est terminé.

On nomme aussi *antiennes* à la Ste Vierge les chants de l'*Alma*, du *Salve*, du *Regina Cœli* et de l'*Ave*.

On nomme *Cantiques* le *Magnificat* prière de la Ste Vierge qui se chante aux Vêpres, le *nunc dimittis* cantique de Siméon, aux complies et le *Benedictus* cantique de Zacharie, à *Laudes*.

Ces cantiques sont comme les Psaumes précédés d'antiennes.

N.º 8. TRANSPOSITION DES MODES DU PLAIN CHANT.
Unisson des dominantes. Faux bourdon.

Les voix des chantres sont généralement graves, *basses* ou *barytons* ; tandis que les finales des modes suivent un ordre ascendant, Ré, Mi, Fa, Sol. Comme il a été dit, les modes impairs ont leur étendue au dessus de la finale et les modes pairs ont la quarte au grave de cette finale. Il résulte de ceci, que, si les *premiers* modes se trouvent dans le diapason des voix de *basse* ou *baryton*, les derniers, 5, 6, 7, et 8, sont beaucoup trop élevés pour elles. Le contraire aurait lieu si l'on devait faire chanter le Plain-chant par des voix de *ténors*.

La nécessité de la transposition des modes se fait sentir pour obvier a cet inconvénient, et le meilleur moyen consiste à mettre, autant que possible, les *dominantes* à l'unisson.

Dans le chant des Psaumes qui se succèdent et ne sont séparés que par une courte antienne, cet unisson devient indispensable. La *dominante* est alors généralement *sol* ; on peut aussi prendre le *la* lorsque les Psaumes, chantés en faux bourdon, ou par des voix de barytons doivent avoir plus de solennité.

On nomme *faux bourdon* le chant des Psaumes à trois ou quatre parties ; l'une d'elles fait entendre le chant du Psaume, tandis que les autres l'accompagnent en faisant harmonie avec les notes de ce chant.

Dans les pièces de Plain-chant qui, pendant les offices, se trouvent séparées, l'une de l'autre, par de longs intervalles, l'*unisson* des *dominantes* perd de son importance, et il suffit pour la transposition de se conformer aux ressources des voix dont on dispose.

Les *modes* sont tous tirés intégralement de la *gamme d'ut*, et ne diffèrent que par le point de départ de chacun, et son étendue.

Il faut donc, tenant compte de la nature des voix, baisser, ou élever les modes, au moyen de la transposition. Les clefs d'*ut* et de *fa* étant seules usitées, pour transposer les modes, il suffit de changer la position de la clef et de supposer une armure. Ici on rentre dans le domaine de la musique, et les règles de la transposition musicale trouvent, en partie, leur application.

Supposons le 1.er mode baissé d'une seconde majeure, l'*ut* de la clef, 4.e ligne, devient *si bémol*. En *ut* pas d'armure en Si ♭ deux bémols, *si* et *mi*. Si le 1.er mode (ancien neuvième) a déjà le Si ♭ pour armure on en suppose trois *si mi* et *la*. La clef devient celle d'*ut* 1.re ligne.

Supposons le 2.e mode élevé d'une seconde majeure : il est écrit en clef de Fa, 3.e ligne ; ce *fa* devenant un *sol* il y a dans la transposition un dièze à supposer à la clef et ce dièze sera pour la note *fa* afin d'obtenir la similitude de la *seconde mineure fa mi* en descendant, qui se trouve remplacée par *sol fa* ♯

Le *cinquième mode* est écrit en clef d'ut 3.e ligne baissons le d'une quarte mineure, l'*ut* devient *sol,* et, comme dans le ton de sol il y a un dièze à la clef, en le transposant ainsi nous supposons le *fa* dièze.

Le tableau suivant donnera les transpositions les plus usitées.

1ᵉʳ MODE

Ce mode peut se chanter sans transposition avec dominante *la.* Pour avoir la dominante *sol,* on baisse d'une seconde majeure, l'*ut* devenant *si bémol,* on suppose la clef d'ut 1ʳᵉ ligne et deux bémols à la clef, *si* et *mi,* ou trois *si, mi* et *la* s'il y a déjà un bémol à la clef. (ancien neuvième)

2ᵉ MODE.

Tel qu'il est écrit ou élevé d'une seconde majeure, le 2ᵉ mode peut être chanté tel qu'il est écrit, mais alors la *dominante* est *fa* et c'est un peu bas. Pour avoir la dominante *sol,* on l'élève d'une *seconde majeure,* on suppose la clef d'ut 1ʳᵉ ligne, le *sol* prend la place du *fa,* et il y a deux dièzes à l'armure *fa* et ut.

Si ce mode (ancien 10ᵉ) est écrit en clef d'*ut troisième ligne,* le *sol* prend la place de l'*ut,* le *fa dièze,* comme armure celle du *si* et l'on suppose la clef d'ut 1ʳᵉ ligne.

3ᵉ MODE.
on le baisse d'une quarte mineure.

La clef d'*ut* 4ᵉ ligne est remplacée par celle d'*ut* 2ᵉ ligne, l'*ut* par le *sol* et l'on suppose le *fa* dièze à l'armure; le *sol* devient dominante.

4ᵉ MODE.
on le baisse d'une seconde majeure.

La clef d'*ut* 4ᵉ ligne est remplacée par celle d'*ut* 1ʳᵉ ligne, l'*ut* par le *si bémol,* et l'on suppose deux bémols à la clef, *si* et *mi,* le *sol* devient dominante.

5ᵉ MODE.
on le baisse d'une quarte mineure.

La clef d'*ut* 3ᵉ ligne est remplacée par celle d'*ut* 1ʳᵉ ligne, l'*ut* par le *sol* et l'on suppose le Fa # à l'armure, à moins, qu'ancien onzième, il n'ait déjà le Si ♭ à la clef. Dans ce cas la transposition de ce mode ne prend pas d'armure, le *sol* devient dominante.

6ᵉ MODE.
on le baisse d'une seconde majeure.

La clef d'*ut* 4ᵉ ligne est remplacée par celle d'*ut* 1ʳᵉ ligne, l'*ut* devient *si bémol* et l'on suppose deux bémols *si* et *mi* à l'armure, ou trois Si, Mi, La, Si ce mode, ancien douzième, a déjà le Si bémol à la clef, le *sol* devient dominante.

7ᵉ MODE.
on le baisse d'une quinte majeure.

La clef d'*ut* 3ᵉ ligne est remplacée par celle de *fa* 3ᵉ ligne. L'*ut* devient *fa* et l'on suppose un bémol le *si* à l'armure. Le *sol* devient dominante.

8ᵉ MODE.
on le baisse d'une quarte mineure.

La clef d'*ut* 4ᵉ ligne est remplacée par celle d'*ut* 2ᵉ ligne. Le *sol* prend la place de l'*ut* et l'on suppose le *fa dièze* à l'armure. Le *sol* devient dominante.

Au moyen de la transposition toutes les dominantes sont mises à l'unisson.

Les chantres n'ont pas à se préoccuper de la transposition, et peuvent chanter les modes tels qu'ils sont notés; c'est à celui qui les dirige ou les accompagne, à se familiariser avec elle, afin de donner convenablement le ton et de bien accompagner.

L'habitude le rompra à ce genre de lecture, qui lui deviendra bientôt facile, et il arrivera à transposer tous les modes dans d'autres tons que ceux indiqués plus haut, lorsque la nature des voix qu'il aura à diriger l'exigera.

Fin de la Théorie du Plain-chant.

NOTIONS ÉLÉMENTAIRES D'HARMONIE.

N.º 1.   **HARMONIE,**

Intervalles consonnants et dissonants, Mouvements.

L'*harmonie* est la science des accords, un accord est la réunion de deux ou plusieurs notes qui s'accordent entr'elles et que l'on fait entendre simultanément

Les *intervalles* qui ont été étudiés précédemment, forment entr'eux des *consonnances* et des *dissonances*.

Les intervalles *consonnants* sont: la *tierce*, la *sixte*, la *quarte*, la *quinte* et l'*octave*.

Les *dissonants* sont: la *seconde* et la *septième*.

Les *accords*, étant formés par la superposition d'un certain nombre d'intervalles, sont selon la nature de ces intervalles *consonnants* ou *dissonants*.

Les consonnances sont *parfaites* ou *imparfaites*; La *tierce* et la *sixte* sont des consonnances imparfaites, on les nomme ainsi parce qu'elles peuvent être majeures ou mineures, sans cesser d'être consonnantes.

La *quinte majeure* (ou quinte juste) la *quarte mineure* (ou quarte juste) et l'*octave* sont des consonnances parfaites; on les nomme ainsi parce qu'elles ne peuvent changer de nature sans cesser d'être *consonnantes*; cependant la *quarte renversement* de la quinte est considérée comme *dissonance* contre la basse et comme *consonnance* entre les parties intermédiaires ou supérieures.

La *quinte mineure* (ou quinte diminuée) la *quarte majeure* (ou quarte augmentée) sont dissonantes.

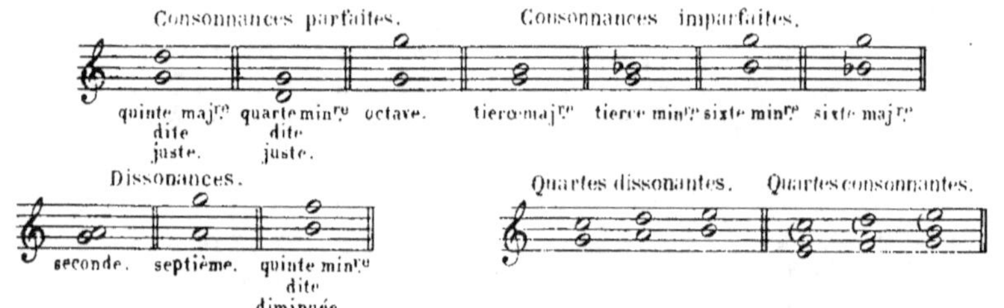

MOUVEMENTS.

Le *mouvement* est la marche qu'il faut faire suivre aux différentes parties d'un accord, pour passer de cet accord au suivant.

Il y a trois mouvements:

Le *direct* ou semblable, le *contraire* et l'*oblique*.

1.º Le mouvement est *direct* lorsque, dans une succession de deux ou plusieurs accords, toutes les parties montent ou descendent en même temps.

2.º Le mouvement est *contraire*, lorsqu'une ou deux parties montent pendant que les autres descendent.

3.º Le mouvement est *oblique*, lorsqu'une des parties reste sur le même degré pendant que les autres montent ou descendent.

Le *mouvement direct* ou semblable offre peu de ressources à l'harmonie; les *tierces* et les *sixtes* y sont permises; les *quartes* seulement dans une partie intermédiaire. Les *quintes* et les *octaves* y sont défendues.

Les *quintes* et *octaves* cachées sont tolérées entre consonnances dans les parties intermédiaires.

Les mouvements *contraire* et *oblique*, qui se prêtent bien mieux aux développements harmoniques, permettent aussi l'emploi des intervalles proscrits dans le mouvement semblable.

Par les mouvements contraire et oblique on peut faire entendre plusieurs consonnances parfaites de suite. Dans le mouvement direct, ces consonnances produiraient des quintes et des octaves, soit visibles, soit cachées.

Les consonnances imparfaites peuvent se faire (tierce et sixte) par les trois mouvements.

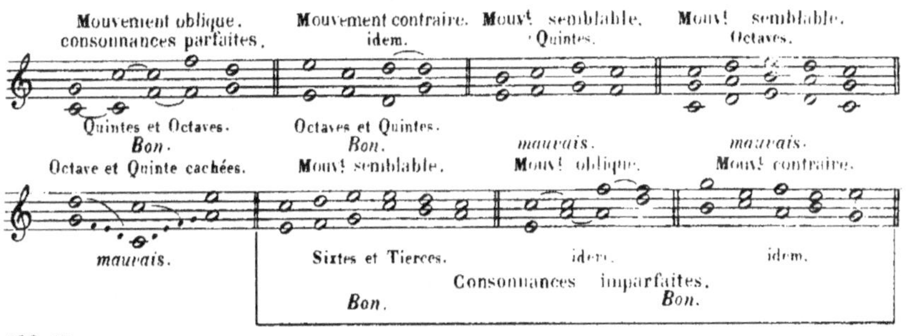

N°. 2. GAMME HARMONIQUE.

accords renversements.

L'harmonie ne peut pas contenir moins de deux parties. Les accords peuvent être formés de deux, trois, quatre, et même cinq sons.

La gamme harmonique qui, dans la première partie, nous a fourni les éléments de la gamme diatonique, renferme également ceux des accords.

Cette gamme, produit du monocorde et de ses divisions, donne une superposition de tierces, majeures et mineures, et les accords, dans leur position fondamentale, ne sont eux mêmes qu'une superposition de deux, trois, ou quatre tierces selon que l'accord renferme plus ou moins de notes. Aussi trouve t-on dans la gamme harmonique les principaux accords.

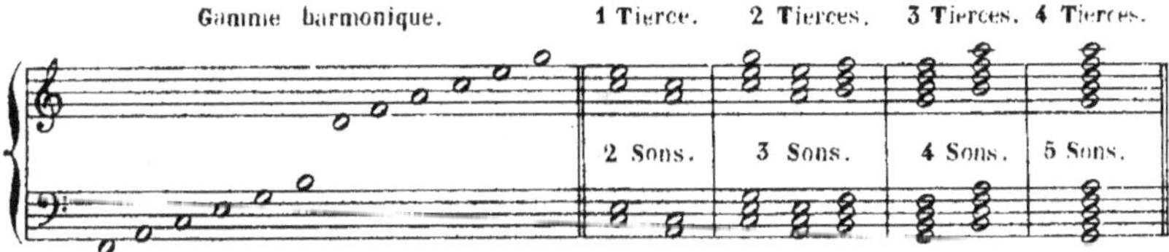

ACCORDS, LEURS RENVERSEMENTS.

Les accords sont de *trois sons* au moins et de *cinq* au plus. Dans l'harmonie écrite à quatre parties, on double la note fondamentale des accords de trois sons; cependant, si le mouvement des parties et la position d'un accord s'y opposent, les quatre parties se trouvent momentanément réduites à trois, et dans ce cas, deux des parties font leur résolution sur la même note de l'accord suivant.

Dans l'harmonie écrite à trois parties seulement, si l'on emploie des accords de plus de trois sons, il faut supprimer une note et même deux de ces accords.

Les accords de trois sons, un seul excepté, l'accord de quinte mineure, (quinte dimi_nuée) sont *consonnants*.

Ceux de *quatre notes* sont *dissonnants* puisqu'ils renferment une dissonance, la *sep_tième*, ceux de *cinq notes* le sont également, puisqu'ils renferment *deux dissonances* la *septième* et la *neuvième* ou seconde redoublée.

Si l'on supprime une des notes de ces accords, ce ne doit pas être celle qui fait disso _ nance et qui donne à ces accords leur principal caractère.

La *quinte* du son fondamental de ces accords doit être retranchée, de préférence à la tierce dont la propriété est de caractériser le mode.

RENVERSEMENTS.

Les accords étant, comme nous l'avons dit, une superposition de tierces, sur un son don_né, ce son est la base d'un accord. On le nomme *basse fondamentale*.

Les accords sont renversés lorsque leur note fondamentale n'est plus au grave, ou à la basse.

Les accords de trois sons ont *deux renversements*; ceux de quatre, en ont *trois* et ceux de cinq en ont *quatre*.

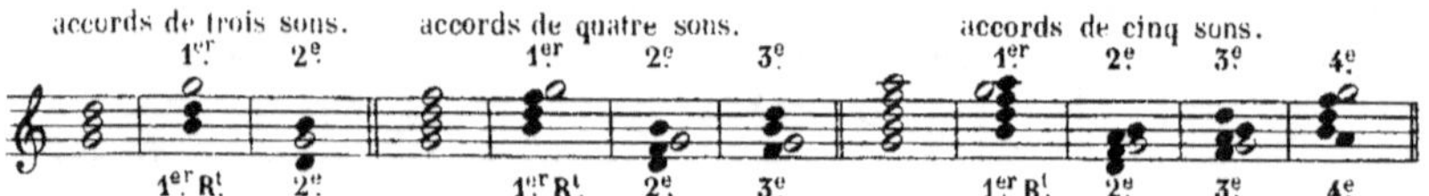

Les accords de *neuvièmes majeure* et mineure, renferment tous les accords usités.

accords de 9e majeure.   accords de 9e mineure.

N.º 3.   TABLEAU DES ACCORDS
Basse chiffrée, Position des accords.

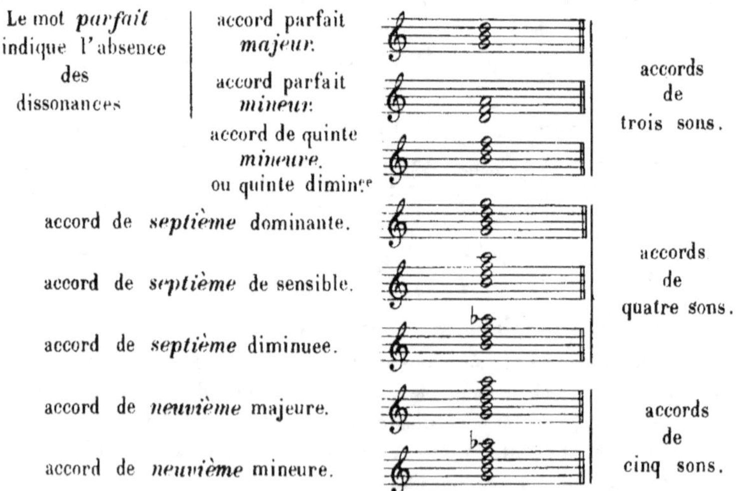

Les accords de plus de trois sons tirent leur nom de l'intervalle qui sépare la note gra_
ve de la note aigue.

Les accords de *septième dominante* et de *septième de sensible* se nomment ainsi par_
cequ'ils se placent; le premier sur la dominante, et le second sur la sensible du ton dans lequel
on est.

BASSES CHIFFRÉES.

On nomme basse chiffrée une série de notes placées au grave, et surmontées de chiffres
qui indiquent la nature de l'accord que comporte chacune de ces notes.

Ces chiffres ne représentent pas seulement l'intervalle qu'ils indiquent, mais ils en
sous-entendent toujours un ou plusieurs autres.

Un 5 sous entend 3 et 8 un 3 $\frac{8}{5}$. Un 6 sous-entend $\frac{6}{3}$, un 4 $\frac{5}{4}$; un 4 précédé d'une + 4 indi_
que la *quarte* majeure, dite quarte augmentée, ou triton, et sous-entend $\frac{6}{4}$. Un 7 sous-entend
$\frac{7}{5}$ un + 7 sous-entend $+\frac{7}{5}$ que l'on fait entendre sur la tonique; un *deux* sous entend $\frac{4}{2}$; un 8,
sous entend $\frac{8}{5}$ un 9, $\frac{9}{5}$

Lorsque les notes sont surmontées de deux chiffres, il reste souvent encore une ou deux
notes sous-entendues.

Un *trait* ____ unissant deux ou trois notes de la basse, indique que l'harmonie reste la même
pendant ces notes. Le ♯, le ♭ et le ♮ au dessus de la basse indique la nature de sa tierce S.^{te} entendue.

La *croix* +, précédant ou remplaçant un chiffre, signifie que l'intervalle exprimé ou sous
entendu est *majeur* ou *augmenté*, ou *élevé* d'un demi ton chromatique.

La *Barre* traversant un chiffre (𝄫) signifie que l'intervalle doit être diminué, ou *baissé*
d'un demi ton chromatique.

Dans l'analyse des accords on trouvera les exemples de la basse chiffrée, qui, autrefois
était très usitée pour l'accompagnement.

Il est indispensable de vérifier sur le clavier l'application de l'emploi des basses chif_
frées, afin de se rendre compte de la nature des accords qu'elles produisent.

POSITION DES ACCORDS.

Il ne faut pas confondre les *renversements* avec la *position* des accords. Lorsqu'un ac_
cord est *renversé*, sa note fondamentale n'est plus à la basse, mais dans une des parties su_
périeures, tandis que lorsque la *position* d'un accord change, la note fondamentale reste
toujours au *grave* et ce sont les notes des parties supérieures qui seules se déplacent.

Un accord de *trois sons* n'a que *deux* renversements tandis qu'il a *trois* positions
différentes.

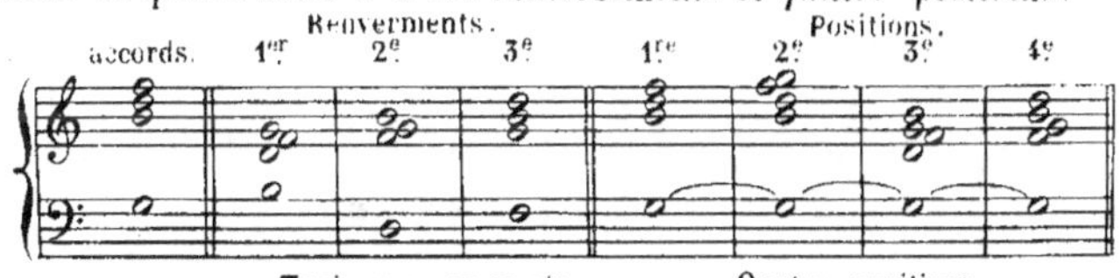

Un accord de quatre notes a *trois* renversements et *quatre* positions.

Les accords de *cinq sons* ont *quatre* renversements et *cinq* positions.

N.º 4. ANALYSE DES ACCORDS DE TROIS NOTES.

accords parfaits, *majeur* et *mineur*,
accord de *quinte mineure* dite *diminuée*.

L'accord parfait *majeur* est formé de deux tierces superposées, dont la première est *majeure* et la seconde *mineure*.

L'accord parfait *mineur* est également formé de deux *tierces* dont la 1.ʳᵉ est mineure et la 2.ᵉ *majeure*.

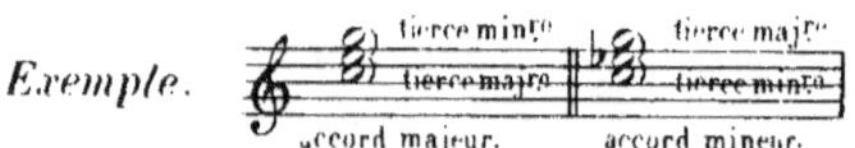

Dans ces deux accords la distance qui sépare la note grave de la note aigüe est la même, *quinte majeure* dite *quinte juste*, et c'est dans la position des tierces seulement que consiste la différence des accords parfaits majeurs et mineurs.

Les accords parfaits se chiffrent par 3, 5, ou 8. Leur *premier renversement* se nomme *accord de sixte* et se chiffre par un 6. Le *deuxième* se nomme accord de *sixte et quarte* et se chiffre par $\frac{6}{4}$.

Dans le mode majeur, on emploie l'accord parfait majeur sur les trois notes tonales, les *tonique, dominante et sous-dominante*.

Dans le mode mineur, la *dominante* conserve l'accord parfait majeur et les *tonique* et *sous dominante* prennent l'accord parfait mineur.

ACCORD DE QUINTE MINEURE.
dit de quinte diminuée.

L'accord de *quinte diminuée* diffère des deux précédents en ce que les deux tierces qui le composent sont mineures, et que la quinte, produit de ces deux tierces, est mineure. Cette quinte mineure s'oppose à ce que cet accord soit considéré comme parfait. On le chiffre par un cinq barré ♭. Son premier renversement, accord de *sixte majeure* se chiffre par +6, et son deuxième, accord de *sixte et quarte majeure* on augmentée, par $+\frac{6}{4}$.

L'accord de quinte diminuée s'emploie sur la note sensible du mode majeur, sur la deu_
xième note et sur la sensible du mode mineur.

Emploi de cet accord dans les deux modes.

Quoique cet accord, à cause de sa quinte mineure, ne puisse pas être considéré com_
me consonnant, cependant, aucune de ses notes n'ayant une marche déterminée, ce qui a
toujours lieu pour les dissonances, il peut être employé et classé parmi les accords consonnants

Observations sur l'emploi des trois accords précédents

Les accords parfaits doivent se succéder de manière qu'une des notes d'un accord fas_
se partie de celles du suivant. S'il s'en trouve deux, cela vaut encore mieux.

On peut néanmoins faire des accords parfaits de suite sans qu'il y ait de liaison (c'est-à-
dire de notes semblables) entr'eux, mais alors, pour éviter les quintes et les octaves qui ré_
sulteraient du mouvement direct, il faut rigoureusement observer le mouvement con_
traire

Une suite de *sixtes* (1.er renversement de l'accord parfait) peut se faire par mouvement
semblable, mais le deuxième renversement *sixte* et *quarte* n'est point usité de la sorte et
ne s'emploie que sur la tonique et sur la dominante.

Exemple ou les accords se succèdent avec deux notes semblables.

Exemples par mouvements contraire et direct, ou les accords n'ont pas de notes sem_
blables et par conséquent pas de liaison.

N.º 5. PRÉPARATION DES DISSONANCES

leur résolution. Accord de *septième dominante,*
ses renversements et leur résolution

On prépare une dissonance en la faisant entendre comme consonnance dans l'accord précédent.

ainsi :

Dans le premier exemple le *sol* consonnance avec *si* devient dissonance avec *la* et la tierce *sol si* prépare la dissonance *sol la*.

Dans le deuxième exemple, l'octave *la la* prépare la dissonance de septième *si la*.

Dans le troisième exemple, *ut mi* tierce prépare la dissonance de seconde *ut ré*.

Il n'est pas nécessaire de préparer les dissonances.

RÉSOLUTION DES DISSONANCES.

On appelle résoudre une dissonance, la faire descendre d'un degré sur une note qui fait consonnance dans l'accord suivant.

Toute dissonance doit être résolue et faire sa résolution en descendant.

Exemples.

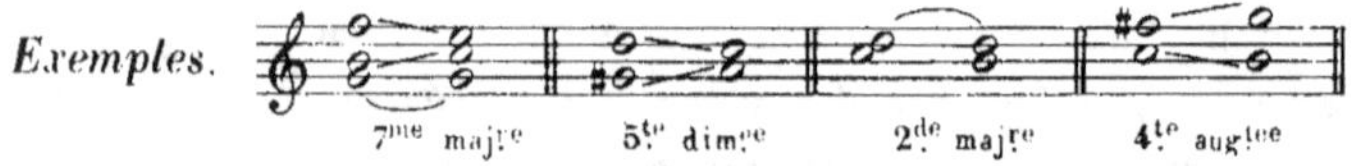

Dans le 1.ᵉʳ Ex: la dissonance *sol fa* se résoud sur la consonnance *sol mi;* dans le 2.ᵉ la quinte mineure *sol ♯ ré* se résoud sur la tierce *la ut;* dans le 3.ᵉ la seconde *ut ré* se résoud sur la tierce *si, ré;* dans le 4.ᵉ la quarte majeure ou triton *ut, fa ♯* se résoud sur la sixte *si. sol*.

Dans les accords consonnants les quintes peuvent être préparées.

Quintes
préparées.

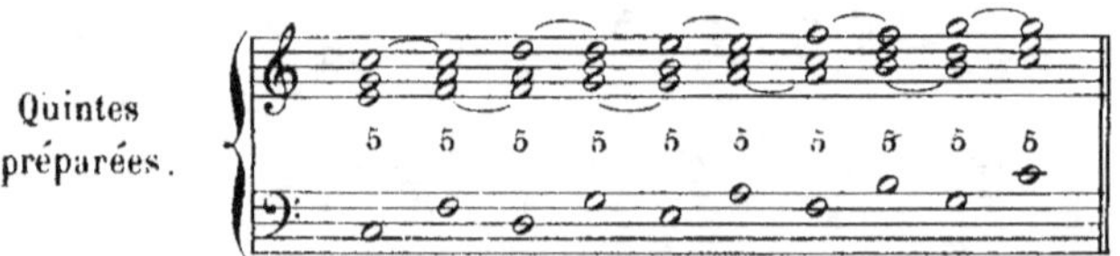

OBSERVATION. L'accord de quinte mineure dit de quinte diminuée n'est pas consi_ déré comme dissonant dans une succession d'accords parfaits.

ACCORD DE SEPTIÈME DOMINANTE.

L'accord de *septième dominante* est formé de la superposition de trois tierces dont la première est majeure et les deux autres mineures.

On le nomme ainsi parce qu'il se place sur la dominante dans les deux modes. Il y a entre les sons grave et aigu de cet accord un intervalle de septième mineure. Cet accord est la réunion de l'accord parfait majeur et de celui de quinte diminuée. L'intervalle de septième le classe parmi les accords dissonants. Cette septième doit descendre d'un degré à l'accord suivant, et la tierce, qui se trouve être la note sensible du ton, doit monter d'un degré.

L'accord de septième dominante se résoud sur la tonique; c'est ce que l'on appelle *cadence parfaite*.

Cet accord est le même dans les deux modes de même base.

On le chiffre par $\frac{7}{+}$.

ACCORD DE SEPTIÈME DOMINANTE ET SES RENVERSEMENTS.

leur résolution.

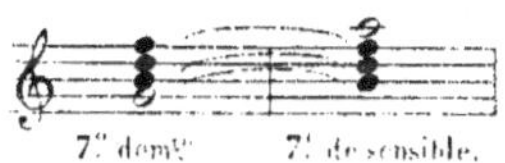

Le premier renversement se pose sur la note sensible et se nomme accord de sixte et quinte diminuée.

On le chiffre par $\frac{6}{5}$.

Le deuxième renversement se pose sur la deuxième note du ton et se nomme accord de sixte sensible.

On le chiffre par $\frac{+}{4}{3}$.

Le troisième renversement se nomme accord de triton à cause de la quarte majeure. Il se pose sur la sous-dominante.

On le chiffre par $\frac{+}{2}$ ou $+ 4$.

N° 6.   ACCORD DE SEPTIÈME DE SENSIBLE.
ses renversements leur résolution. Accord de 7me diminuée.

L'accord de septième de sensible est formé de la superposition de trois tierces dont les deux premières sont mineures et la troisième majeure.

Il se pose sur la sensible du mode majeur.

Comme dans l'accord de septième dominante, l'intervalle de septième est mineur. C'est au grave l'accord de quinte diminuée et, à l'aigu, l'accord parfait mineur.

La septième et la quinte diminuée (mineure) intervalles dissonants, descendent, tandis que la note sensible monte d'un degré.

On chiffre cet accord par $\frac{7}{5}$.

Il se résoud, comme le précédent sur la tonique. Il a trois notes communes à l'accord de 7.e dominante.

Dans le ton d'*ut* ces trois notes sont Si, Ré, Fa.

Si l'on emploie cet accord dans le mode mineur relatif, il se place sur la seconde note de ce mode, et fait sa résolution sur la dominante.

ACCORD DE SEPTIÈME DE SENSIBLE ET SES RENVERSEMENTS.

leur résolution

Le premier renversement se pose sur la deuxième note du mode *majeur* qui doit monter pour éviter les deux quintes. Il se résoud sur la *dominante* du mode mineur et sur l'accord de *sixte* du mode majeur. On le nomme accord de *quinte et sixte sensible* et on le chiffre par $\overset{+6}{5}$.

Le deuxième renversement se pose sur la quatrième note du mode majeur, il se résoud sur la dominante du mode mineur et sur la *sixte* du majeur.

On le chiffre par $\overset{+4}{3}$.

Le troisième renversement se pose sur la sixième note du mode majeur; il se chiffre par + 2, et se nomme accord de seconde.

Il est peu usité sans préparation; son effet est meilleur en faisant entendre sa dissonance comme consonnance dans l'accord précédent.

Les deux premiers renversements de l'accord de septième de sensible et leur résolution dans le mode majeur, sont d'un effet plus agréable lorsqu'on substitue le renversement de septième à l'intervalle de seconde qui s'y trouve.

ACCORD DE SEPTIÈME DIMINUÉE.

L'accord de septième diminuée est la superposition de trois tierces mineures. On le trouve sur la note sensible du mode mineur. L'intervalle de septième est diminué, et si l'on retranche la note la plus grave de cet accord, il ne reste plus que celui de quinte mineure dit accord de quinte diminuée.

On le chiffre par un 7 et on le pose sur la sensible du mode mineur.

La septième diminuée et la quinte mineure, intervalles dissonants, doivent descendre tandis que la sensible doit monter d'un degré.

Cet accord se résoud sur la tonique du mode mineur.

ACCORD DE SEPTIÈME DIMINUÉE ET SES RENVERSEMENTS.

leur résolution.

Le premier renversement se pose sur la deuxième note du mode mineur il se ré_
soud sur l'accord de *sixte* et se nomme accord de *quinte diminuée* et *sixte sensible*.

On le chiffre par $+\frac{6}{3}$.

Le deuxième renversement se pose sur la quatrième note du mode mineur, il se ré_
soud sur l'accord de *sixte* et se nomme accord de *triton avec tierce mineure*.

On le chiffre par $+\frac{4}{3}$.

Le troisième renversement se pose sur la sixième note du mode mineur, il se résoud
sur l'accord de *sixte* et de *quarte* et se nomme accord de *seconde augmentée*.

On le chiffre par $+2$.

Nᵒ 7.　ACCORDS DE CINQ NOTES.
accords de neuvième majeure et mineure.

ACCORD DE NEUVIÈME MAJEURE DOMINANTE.

Cet accord est formé de la superposition de quatre tierces dont les première et qua_
trième sont majeures et les deuxième et troisième mineures.

On le place sur la dominante du mode majeur; il renferme les deux accords de sep_
tième dominante et de septième de sensible de ce mode.

On le chiffre par $\frac{9}{7}$.

La tierce de cet accord note sensible du mode doit monter d'un degré, les septième et
neuvième, intervalles dissonants, doivent descendre d'un degré.

Il fait sa résolution sur la tonique mais pour que l'effet soit moins dur à l'oreille il
faut en retrancher la quinte.

Cet accord peut être renversé, mais dans ce cas l'intervalle dissonant qui ne doit pas
subir de renversement doit toujours être à distance de neuvième du son générateur ou
de la basse fondamentale.

ACCORD DE NEUVIÈME MAJEURE DOMINANTE ET SES RENVERSEMENTS,
leur résolution.

Le premier renversement se place sur la note sensible et se résoud sur la tonique.

On le chiffre par $\frac{7}{6}$.

Le deuxième renversement (peu usité) se place sur la seconde note du mode et
se résoud sur l'accord de sixte.

On le chiffre par $+\frac{6}{5}$

Le troisième renversement se place sur la quarte ou sous dominante du ton et se
résoud sur l'accord de sixte.

On le chiffre par $+\frac{4}{3}$
2　le quatrième renversement est inusité.

ACCORD DE NEUVIÈME MINEURE DOMINANTE.

Cet accord et ses renversements, s'emploient de la même manière que le précédent. La seule différence qu'il y ait entr'eux, c'est que dans ce dernier, la neuvième est mi_ neure et qu'on le chiffre par $^{b9}_7$. Il est formé de la réunion de la septième dominante et de la septième diminuée.

N.º 8.   ACCOMPAGNEMENT DE LA GAMME MAJEURE,
placée à la partie supérieure. Règle de l'octave.

Les trois accords parfaits sur la tonique, la dominante et la sous-dominante, renfer_ mant toutes les notes de l'échelle ou gamme diatonique, suffisent à son accompagne_ ment.

Les première et cinquième notes se rencontrent deux fois dans ces accords.

La *première* comme tonique dans l'accord de la tonique et comme dominante dans celui de la sous-dominante.

La *cinquième* comme tonique dans l'accord de la dominante, et comme dominan_ te dans celui de la tonique.

RÈGLE DE L'OCTAVE DANS LE MODE MAJEUR.

La première note d'une gamme s'accompagne avec l'accord de la tonique; la deuxième avec l'accord de la dominante; la troisième avec l'accord de la tonique; la quatrième a_ vec l'accord de la sous-dominante, la cinquième avec celui de la tonique, la sixième avec celui de la sous-dominante, et la septième avec les accords de dominante ou de quinte diminuée.

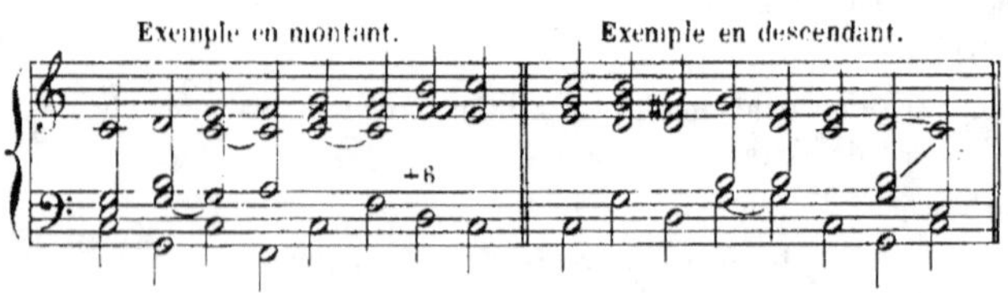

Dans la gamme ascendante pour éviter les deux quintes de suite qui résulteraient de l'emploi successif de l'accord de sous-dominante sur le sixième degré et de celui de dominante sur le septième on accompagne ce dernier avec l'accord de quinte diminuée dans son 1er renversement.

(*voir l'Exemple*)

Dans la gamme descendante on introduit une modulation très courte. Dans cette modulation la dominante devient tonique passagère et la seconde note devient dominante. Son accord contient l'altération qui caractérise la note sensible du nouveau ton que l'on quitte de suite en faisant entendre sur la quatrième note de la gamme l'accord de septième dominante du ton principal.

REMARQUE: Lorsqu'un accord est renversé comme on ne peut doubler que la note fondamentale et que cela n'est pas toujours commode il vaut mieux réduire pour un moment l'harmonie à trois parties seulement.

Cela arrive aussi nécessairement toutes les fois que l'on passe de l'accord de la dominante à celui de la tonique, la note sensible qui se trouve dans l'accord de la dominante devant toujours monter à la tonique. Dans ce cas la quinte de l'accord de tonique se supprime.

Il est indispensable de s'exercer à la pratique de cette forme d'accompagnement dans tous les tons majeurs usités. Celui qui se bornerait à l'étude de l'exemple précédent n'atteindrait pas le but que l'on doit se proposer.

Nº 9.   RÈGLE DE L'OCTAVE.

ou accompagnement de la gamme mineure placée à la partie supérieure.
Variante de la gamme mineure.

RÈGLE DE L'OCTAVE DANS LE MODE MINEUR.

La gamme mineure ascendante suit les mêmes formules que la majeure mais la gamme mineure descendante ne peut faire comme la majeure de modulation caractérisée sur la dominante. Le repos sur cette note se fait cependant assez sentir pour qu'il soit possible de faire entendre sur la quarte ou sous-dominante du ton principal, l'accord de septième dominante.

GAMME MINEURE.

Même étude de cette gamme dans tous les tons usités.

Comme on le voit cette manière d'accompagner les gammes des deux modes est aussi simple que possible et ne contient presque que des accords consonnants

L'harmonie qui en résulte manque de richesse mais avant de passer du simple au composé, c'est-à-dire avant de faire un plus grand usage des renversements, des accords dissonants, et des modulations il est bon de se familiariser avec cette formule d'accompagnement.

Le Plain-chant, mis à la partie supérieure peut y trouver des ressources suffisantes à son accompagnement, et l'orgue, par la variété et la combinaison de ses effets, en dissimule la faiblesse.

Dans cette formule, en montant la gamme, on module deux fois, par le passage du mode mineur dans son relatif majeur et ensuite dans le ton de sol, dominante du ton d'ut mineur.

En descendant on module dans le relatif majeur seulement, et on rentre brusquement dans le ton principal par le mouvement contraire.

Cette variante de la gamme mineure doit être également étudiée dans les tons mineurs les plus usités.

N°. 10. FORMULE D'ACCOMPAGNEMENT
des gammes majeures et mineures, le chant ou la gamme à la basse.
Notes de Passage.

En analysant ces deux formules, on remarquera l'emploi, de la septième dominante dans ses 2°. 3°. et 4°. renversements, et de l'accord de sixte, premier renversement des accords parfaits, majeurs et mineurs.

Dans les accords consonnants, accords de trois sons, on obtient l'harmonie à quatre parties en doublant la note fondamentale de chacun d'eux.

Si ces accords s'emploient dans leur premier renversement (accord de sixte), il vaut mieux réduire l'harmonie à trois parties, et dans ce cas *deux* des quatre notes de l'accord précédent font leur résolution sur la même note de l'accord de sixte qui le suit.

NOTES DE PASSAGE.

Ce sont des notes qui, sans faire partie des accords qui les accompagnent, s'introdui_ sent dans l'harmonie et comblent les vides causés par les intervalles de tierce, quarte, quinte, sixte, etc.

La marche des notes de passage doit toujours être diatonique, ou par degrés con_ joints, en montant ou en descendant.

Quoiqu'elles ne fassent pas partie de l'harmonie, elles sont soumises aux régles qui proscrivent les quartes, quintes et octaves par mouvement semblable.

Pour accompagner une mélodie, il faut examiner avec soin les notes qui portent accord et celles qui peuvent être considérées comme notes de passage.

Si l'on veut qu'un chant conserve son caractère mélodique et soit facile à saisir, il ne faut pas l'étouffer en y multipliant les accords. L'accompagnement harmonique doit être sobre et correct. Plus il est simple, plus il laisse briller la mélodie.

Les notes de Passage se font, le plus souvent, au chant, ou à la basse; mais on peut aussi en introduire dans les parties intermédiaires.

EXEMPLES.

N°. 11.

CADENCES

parfaite, plagale, rompue et évitée,
marche d'harmonie, tenue. Pédale.

Le mot *cadence* vient du latin cadere, (tomber) *cadens* (tombant). C'est en effet la chute d'une note sur une autre, pour terminer la phrase musicale.

La *cadence parfaite* est le passage de la dominante portant *accord parfait* ou *accord de septième dominante* à la tonique. Elle indique que la phrase est complète et terminée.

Cette cadence se fait quelquefois en passant de l'accord de sous-dominante, majeur, ou mineur, à celui de tonique et on la nomme alors, *cadence plagale*.

Sans être aussi caractéristique que l'autre, elle peut être considérée comme parfaite. On l'emploie surtout dans le genre religieux.

La cadence est *rompue* lorsque de l'accord de la dominante on passe à l'accord parfait mineur du mode relatif.

La cadence est *évitée* lorsqu'au lieu de faire un repos sur la tonique on transforme cette tonique en dominante avec accord de septième.

On peut faire une suite de *cadences évitées*, ou de septièmes dominantes, par quintes des_cendantes.

Dans le mode mineur, on peut substituer les accords de septième diminuée à ceux de septième dominante.

CADENCES PARFAITES.

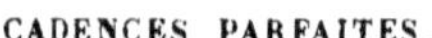

CADENCES PLAGALES.

CADENCES ROMPUES.   CADENCES ÉVITÉES.

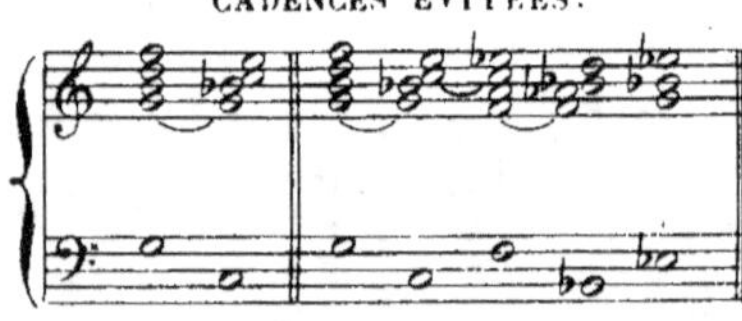

Les cadences rompues et evitées sont des moyens employés pour retarder le repos fi_nal de la cadence parfaite, et pour moduler promptement en passant d'un ton dans un autre.

La *marche d'harmonie* est une progression régulière d'accords de même nature sur une basse donnée.

TENUE.

La tenue est une note prolongée pendant un certain nombre d'accords dont elle fait partie. Elle peut être au grave, à l'aigu ou dans les parties intermédiaires.

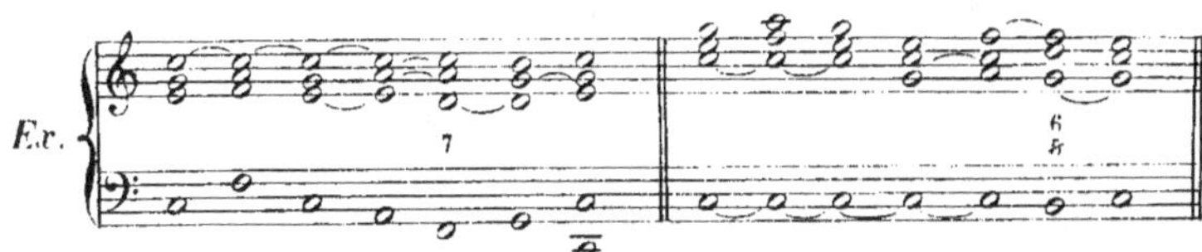

PÉDALE.

La Pédale est un son *prolongé* sur lequel on peut faire une série d'accords *qui lui sont étrangers*; on peut la placer au grave, à l'aigu, ou dans une partie intermédiaire.

La Pédale *inférieure* est la plus usitée pour terminer un morceau.

La Pédale se fait sur la tonique et sur la dominante, mais principalement sur la tonique, par la raison que tous les accords de septième, dominante, sensible, et diminuée faisant leur résolution sur son accord, la note de la Pédale se trouve souvent faire partie de l'harmonie.

On peut moduler sur la Pédale en la considérant alternativement comme tonique et comme dominante.

Les Pédales *supérieures* et *intérieures* peuvent se placer à tous les degrés, mais leur son ne doit pas rester étranger à deux accords de suite; cependant, ainsi que pour la pédale *inférieure*, c'est le plus souvent la tonique ou la dominante qui les fournissent.

PÉDALES INFÉRIEURES SUR LA TONIQUE.

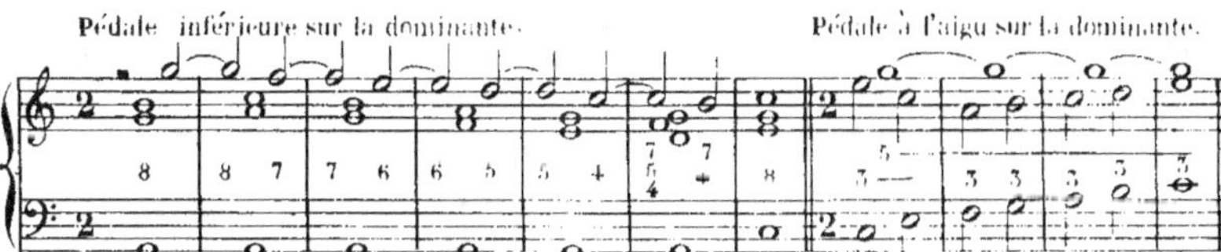

Nᵒ. 12.   CONTRE - POINT.
Imitation, Fugue, Canon, Fausses relations.

Le contre-point est une suite d'accords sur un sujet donné qui est le plus souvent placé au grave, mais qui peut aussi se trouver à la partie supérieure, ou même intérieure.

Le mot de contre-point vient de ce que les notes étaient représentées par des points que l'on plaçait l'un sur l'autre, lorsque l'on écrivait à plusieurs parties.

Le Plain-chant se prêtant, par sa nature calme et uniforme à ce genre a été souvent harmonisé en contre-point.

Il y a plusieurs espèces de Contre-point.

1ᵉ *note* pour *note*, valeurs égales à toutes les parties.

2ᵉ *deux notes* pour *une seule* du sujet dans une des parties.

3ᵉ *quatre notes* pour une seule du sujet dans une des parties.

4ᵉ *deux notes* faisant syncope ou contre-temps sur le sujet.

5ᵉ *Fleuri* les quatre espèces réunies avec emploi de notes pointées.

Le contre-point peut être écrit à deux, trois, et quatre parties, et n'est, par le fait, qu'une suite d'accords sur un sujet peu mélodique et auquel manque le cachet que le rhythme imprime à la musique moderne.

IMITATION.

L'imitation est l'emploi d'un même chant, dans plusieurs parties qui le font entendre, l'une après l'autre, à l'unisson, à la quinte, à la quarte, à la tierce, ou à quelqu'autre intervalle que ce soit. (Dictionnaire de J.J. Rousseau.)

FUGUE, du mot latin fuga (fuite)

(Définition de J. J. Rousseau)

«La fugue est un morceau de musique à plusieurs parties, ou l'on traite, selon cer_
«taines règles de l'harmonie, un chant appelé *sujet*, en le faisant passer successivement
«d'une partie dans une autre

«Le sujet procède de la tonique à la dominante ou de la dominante à la tonique, en
«montant ou en descendant.

«Toute fugue a sa réponse dans la partie qui suit immédiatement celle qui a commencé.

«Cette réponse doit reprendre le sujet à la quarte ou à la quinte, par mouvement
«semblable.

«La réponse au sujet doit commencer avant qu'il ne soit terminé, afin qu'on entende
«les deux à la fois.

CANON, du latin Canoni (Règles)

Le canon est une sorte de fugue perpétuelle, ou les parties, commençant l'une après
l'autre, répètent sans cesse le même chant.

Pour composer un canon de seize mesures, et à quatre parties, il faut choisir un su_
jet de quatre mesures, assez simple pour que les douze mesures qui suivent, divisées,
elles mêmes par quatre et mises de la sorte en partition sous les quatre premières, fas_
sent harmonie avec elles, tout en continuant la mélodie du sujet.

Chaque partie, commençant le sujet à son tour, pendant que les autres le continuent
en entier, il y a canon, ou fugue perpétuelle.

EXEMPLE D'UN CANON À QUATRE PARTIES.

Chaque partie commence à la lettre A lorsque celle qui la précède est arrivée à
la lettre B, et toutes continuent sans interruption, en reprenant au commencement,
lorsqu'elles ont terminé.

FAUSSES RELATIONS.

La *relation* est le rapport qui existe entre les deux sons d'un intervalle.

Cette relation est bonne lorsque les deux sons forment un intervalle majeur ou mi_
neur; ainsi les tierces et sixtes, quartes et quintes, secondes et septièmes, majeures et mi_
neures, considérées comme intervalles, sont de bonnes relations.

En harmonie, on considère comme *fausses relations* les intervalles dont une des
deux notes est étrangère au mode.

Les octaves augmentées ou diminuées, les tierces et les sixtes augmentées ou dimi_
nuées sont de *fausses relations*.

Les fausses relations sont tolérées lorsqu'une des deux notes de l'intervalle, ne faisant pas partie de l'accord, peut être considérée comme altération momentanée de cet accord, ou comme note de passage.

(Définition de J.J. Rousseau.)

EXEMPLES DE FAUSSES RELATIONS.

Fausses relations non évitées.

Fausses relations évitées.

N.º 13.   MODULATIONS HARMONIQUES.

Nous avons, dans la première partie de cet ouvrage, parlé des modulations, en donnant la signification du mot moduler.

La modulation harmonique suit les mêmes règles, mais il est utile d'en donner les principes généraux.

Pour qu'une modulation soit agréable, et que sa transition se fasse d'une manière naturelle, il faut que l'accord que l'on quitte ait au moins une note commune avec celui que l'on prend. Cela ne suffit pas pour caractériser la modulation, aussi, pour que cette modulation soit bien établie, il faut faire entendre la note sensible du ton ou du mode dans lequel on veut passer.

Le meilleur moyen de déterminer la modulation est, la cadence parfaite, qui dans son accord de septième fait entendre la note sensible du nouveau ton.

Les modulations *naturelles* sont:

Dans le mode majeur, celles à la dominante, à la sous-dominante, au relatif mineur, et au mode mineur de même base.

Dans le mode mineur, celles au relatif majeur et au mode majeur de même base

Ces modulations en amènent d'autres qui dérivent des mêmes principes.

Si l'on module par *quintes descendantes* il suffit de faire entendre sur l'accord que l'on quitte la septième mineure.

Cet accord devient septième dominante et fait cadence parfaite avec le suivant.

Si, au contraire, on veut moduler par *quintes ascendantes* il faut que l'accord parfait du ton où l'on passe soit précédé d'un accord intermédiaire, celui de septième dominante.

Cependant l'usage veut qu'en quittant le ton principal, on module en premier à la dominante, *quinte ascendante*.

La modulation à la sous-dominante *quinte descendante* ne vient qu'après.

Les modulations ne sont vraiment caractérisées que par les cadences qui les établissent d'une manière complète.

Celles qui se font du majeur au mineur relatif, du mineur au majeur relatif, et du majeur au mineur, ou du mineur au majeur de même base sont d'autant plus simples que, dans chacune d'elles, les accords, sur lesquels se fait la modulation, ont toujours deux notes semblables.

Les modulations qui ne sont pas amenées par la cadence parfaite, ou qui sont le résultat de cadences évitées ou rompues, sont considérées comme secondaires; elles apportent leur contingent au faisceau harmonique et ne sont que transitoires.

Quelque soit le nombre de modulations que contienne un morceau, il doit se terminer dans le ton par lequel il a commencé.

Cependant il est permis de finir en majeur de même base, un morceau qui a commencé dans le mode mineur.

EXEMPLES DE QUELQUES MODULATIONS.

Fin des Notions élémentaires d'harmonie.

QUATRIÈME PARTIE.

ACCOMPAGNEMENT DU PLAIN-CHANT SUR L'ORGUE.

Le Plain-chant est difficile à bien accompagner, si l'on veut y introduire toutes les ressources de l'harmonie, et, par suite, en subir les exigences.

La tonalité moderne, pour laquelle ont été formulés les traités d'harmonie ne contient que deux modes, le majeur et le mineur, et la tonalité du Plain-chant en renferme un plus grand nombre.

Cette différence entre les deux systèmes est souvent un obstacle à l'application rigoureuse des principes de l'harmonie dans l'accompagnement du Plain-chant, le moyen le plus à la portée de ceux qui ont peu de temps à consacrer à cette étude, est de mettre le chant à la *partie supérieure* et de n'employer, pour son accompagnement que des accords consonnants.

Sous cette forme, le Plain-chant conserve son caractère grave et sa couleur primitive qu'il perdrait par l'abus des dissonances et par l'emploi d'une harmonie recherchée

Les accords devront donc, autant que possible, rester dans leur position fondamentale; mais pour rompre la monotonie des basses passant successivement de la tonique à la Dominante, ou à la sous-dominante, on pourra faire quelques renversements, en substituant l'accord de *sixte* à l'accord parfait.

Le Deuxième renversement, accord de *sixte et quarte*, ne pourra trouver son emploi que sur la tonique et la Dominante, au moment d'une cadence parfaite.

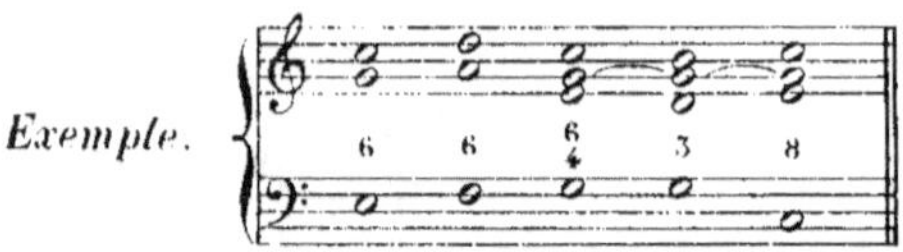

Exemple.

L'accord de septième dominante peut également servir pour les cadences parfaites, mais il ne faut pas en faire un usage trop fréquent dans les modulations qui surgissent pendant le cours du morceau.

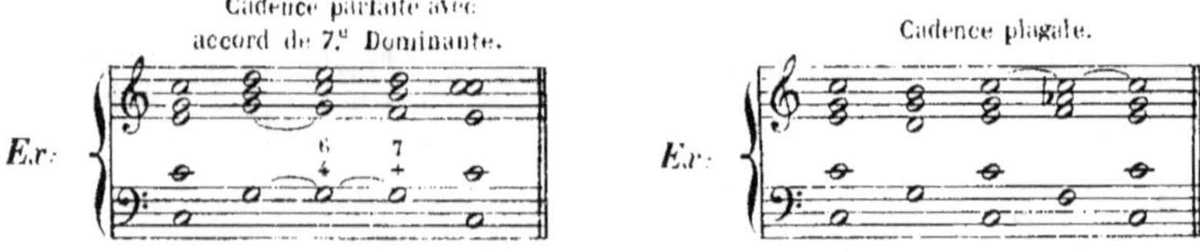

Les règles d'accompagnement de la gamme, dans les deux modes, règles qui ont été données aux *numéros huit* et *neuf* du cours d'harmonie trouvent leur application dans l'accompagnement du Plain-chant à la partie supérieure

Les modulations naturelles à la dominante, à la sous-dominante, aux relatifs majeur et mineur sont très usitées.

Les *cadences rompues* sont d'un bon effet pour éviter la répétition trop fréquente des mêmes accords.

Exemple de cadence rompue. 

Pour se rendre compte des modulations à introduire dans le cours d'une pièce de Plain-chant, il faut la lire attentivement et analyser avec soin, la forme et la terminaison des périodes ou phrases musicales qui la composent, afin de prévoir et de saisir d'avance les diverses modulations que ces périodes amènent et comportent.

Dans les livres notés ou les barres, qui séparent les périodes, sont en rapport avec la ponctuation ou le sens du texte, ces barres peuvent servir à guider l'accompagnateur, pour les modulations, en indiquant la fin de ces périodes.

Le ton se trouvant changé par le fait d'une modulation, il faut, pendant la durée de cette modulation, donner à chaque note de la nouvelle période où elle se trouve, le rang qu'elle doit occuper dans le nouveau ton, et, selon ce rang, l'accompagner avec un des trois accords de tonique, dominante et sous-dominante.

Les périodes sont souvent assez longues pour que la *modulation* y soit bien caractérisée, mais il arrive aussi qu'elles sont très courtes, et qu'on a à peine le temps de l'y indiquer.

Ce qui manque à la plupart de ceux qui veulent se livrer à l'accompagnement du Plain-chant, c'est de le lire facilement et vivement, en le transposant, aussi les exercices de lecture transposée doivent précéder toute tentative d'accompagnement sur l'orgue, et ne sauraient être trop souvent répétés.

Lorsque l'on a acquis l'habitude de cette lecture, on peut embrasser, d'un coup d'œil, une série de notes assez grande pour que l'esprit, libre de cette préoccupation, se livre entièrement au travail harmonique. Il devient alors facile de diviser la pièce que l'on doit accompagner en périodes auxquelles on appliquera les principes et les formules que cet accompagnement nécessitera.

Le mouvement contraire dans la marche des parties est indispensable pour éviter les nombreuses quintes et octaves qui résulteraient forcément du mouvement semblable ou direct.

Les quintes et octaves cachées peuvent être tolérées entre consonnances par mouvement direct, mais le mouvement contraire a encore cet avantage de rendre possible les modulations les moins préparées et les moins en rapport avec le ton que l'on quitte.

Les fausses relations doivent être évitées; leur effet est dur et désagréable.

Le Plain-chant, *placé au grave* de l'harmonie, exige, pour être bien accompagné de sérieuses études. Toutes les ressources du contrepoint y trouvent leur application. Les accords consonnants et dissonants, dans leur position fondamentale et leurs renversements y sont usités. Les retards et les prolongations y produisent un bon effet.

Pour cette forme d'accompagnement, l'étude des basses chiffrées devient nécessaire.

Cette manière d'accompagner le Plain-chant était d'un usage général, il y a quelques années, mais on a fini par comprendre que ce système, qui présente de sérieuses difficultés, était en outre, peu rationnel pour guider les voix et le chant.

Le Plain-chant, au grave, n'est plus guère usité qu'au grand-orgue alternant avec le chœur.

Comme il a été dit dans la partie de cet ouvrage qui expose la théorie du Plain-chant, la nécessité de mettre les dominantes à l'unisson, ne se fait sentir que dans le chant des Psaumes.

Dans les pièces de chant ordinaires, telles que: introïts, graduels etc, cette nécessité disparaît, et l'on donne le ton de ces pièces, selon leur étendue et le diapason des voix que l'on dirige.

Les premières notes des intonations ne doivent pas être harmonisées afin que les chantres en saisissent aisément le son et entonnent juste.

Les règles de la transposition des modes ont été données au *numéro huit* de la partie qui expose la théorie du Plain-chant. C'est ici le moment de les appliquer, pour se rendre compte de la clef et de l'armure de chacun des modes transposés.

Le PREMIER MODE peut être chanté au naturel avec *dominante la*, et dans ce cas, il s'accompagne en *ré mineur* avec modulations en *la* majeur ou mineur; en *fa* et en *ut* majeurs.

Si dans le PREMIER MODE on prend *sol* pour dominante il faut l'accompagner en *ut mineur* avec modulations en *sol* majeur ou mineur, en *mi bémol* et en *si bémol* majeurs.

Le DEUXIÈME MODE peut aussi se chanter au naturel avec dominante *fa* et s'accompagner en *ré mineur* avec modulations en *fa* et en *ut* majeurs; mais dans ce cas il faut que les voix aient une certaine gravité.

Si, dans le DEUXIÈME MODE, on prend *sol* comme dominante, on accompagne en *mi mineur* avec modulations en *sol* et en *ré* majeurs.

Le TROISIÈME MODE s'accompagne généralement avec dominante *sol*, en *mi mineur*. On le termine par l'accord de *si majeur*, dominante du ton de *mi* mineur, précédé de celui de *la* mineur et l'on module en *ut* en *sol* en *ré* majeurs et en *la* mineur.

S'il est trop bas on peut le transposer comme un quatrième mode, mais la dominante devient si bémol et le ton principal *sol* mineur; on termine par l'accord de ré majeur dominante du ton de sol mineur précédé de celui d'*ut* mineur et l'on module en mi ♭ si ♭ fa majeurs et en ut mineur.

Le QUATRIÈME MODE, avec dominante *sol*, se trouve toujours dans de bonnes conditions, comme diapason des voix. Quoique le ton principal soit *sol mineur* et que l'on termine en *ré majeur*, la forme des périodes de ce mode amène souvent la modulation en *ut mineur* et en *fa si bémol* et mi ♭ majeurs.

OBSERVATION. Ces quatre premiers modes ont la tierce de leur finale, mineure, et doivent, par la nature des accords que l'on y emploie, faire sentir, autant que possible, la modalité mineure.

C'est surtout vers le commencement et vers la fin de ces pièces que l'accompagnateur doit s'attacher à en faire ressortir la modalité.

Le CINQUIÈME MODE avec *dominante sol* s'accompagne en *ut majeur* avec modulation en *sol*. Cependant, lorsqu'il n'y a pas de bémol à la clef, les modulations en sol majeur et en mi mineur s'y rencontrent naturellement par le fait de la transposition qui donne le fa dièze.

Pour avoir la dominante *la* il faut accompagner ce mode en *ré majeur*, moduler en *la majeur* et supposer trois dièzes s'il n'y a pas de bémol à la clef, avec modulation en *la majeur* et en *fa dièze* mineur.

Le SIXIÈME MODE avec *dominante sol* s'accompagne en *mi bémol majeur* avec modulation en *si bémol majeur*; mais lorsqu'il n'a pas de bémol à la clef, le *la* devient naturel et l'on doit moduler en *si bémol* majeur, en *sol mineur* et en *fa* majeur.

Avec *dominante la* il faut accompagner en *fa majeur* et moduler en *ut majeur* ou en *la mineur* lorsque ce mode n'a pas de bémol à la clef.

Le SEPTIÈME MODE, avec *dominante sol*, s'accompagne en *ut majeur*, à cause de sa terminaison, en ut; cependant comme il faut, par le fait de la transposition, supposer le *si bémol* à la clef, on module très souvent en *fa* et en *si bémol* majeurs.

Si l'on prend *la* comme dominante la finale sera *ré majeur* et l'on modulera en *sol* et en *ut* majeurs, en supposant le *fa dièze* à la clef.

Le HUITIÈME MODE avec *dominante sol* s'accompagne en *ré majeur*. Il faut supposer un dièze seulement à la clef et moduler en *sol* et en *ut* majeurs.

Avec *dominante la* on termine en *mi majeur* et on module en *la* et en *ré* majeurs, en supposant trois dièzes, *fa ut* et *sol* à la clef.

OBSERVATIONS. Les quatre derniers modes ont la tierce de leur finale majeure et doivent, par la nature des accords que l'on emploie pour les accompagner, faire sentir la modalité majeure.

Les modulations que nous venons d'indiquer pour chaque mode ne sont pas les seules que l'on puisse y introduire. Ce sont seulement celles qui s'y présentent le plus souvent, mais l'harmonie offre des ressources nombreuses et variées que l'habitude de l'accompagnement permettra d'employer plus tard.

Notre but étant de nous mettre à la portée de tous, nous n'en parlons que pour mémoire, laissant à chacun la faculté d'user de ces ressources, lorsqu'une étude sérieuse de l'harmonie l'aura mis à même d'y avoir recours.

Nous recommandons à tous ceux qui veulent se préparer sérieusement à l'accompagnement du Plain-chant, l'étude fréquente de tous les modes transposés, au moyen de solfège. Cela leur sera d'autant plus facile que tous les livres notés leur fourniront de nombreux exercices.

Comme nous l'avons déja dit plus haut, et comme nous ne saurions trop le répéter, une grande habitude de la lecture et du solfège peut, seule, donner à l'esprit cette liberté dont il a besoin pour prévoir et combiner promptement ses effets harmoniques.

Ce travail étant destiné aux personnes qui, par la nature de leurs occupations n'ont que peu de temps à donner à l'étude de l'orgue, il est très important pour elles de se conformer exactement aux prescriptions et aux conseils qui vont suivre.

Il faut soigner la position des mains sur le clavier; tenir les doigts arrondis et les poignets à la hauteur de l'avant-bras.

Avant de faire des accords, il est bon de donner de l'indépendance aux doigts en faisant des exercices et des gammes.

Lorsque la position des notes, naturelles, diezées, et bémolisées sur le clavier sera devenue familière et que les doigts auront acquis une certaine indépendance, on pourra commencer l'étude des premières formules, TABLEAU N° 1, en ayant bien soin de ne mettre, sur chaque note de ces premiers exercices d'accords, que les doigtés indiqués.

Il ne faudra passer au TABLEAU N° 2, que lorsque le premier tableau sera bien étudié et ne présentera plus aucune difficulté d'exécution et de doigté.

Les deuxièmes formules viendront alors et devront être analysées et étudiées avec le plus grand soin. La position des mains, l'observation des doigtés indiqués, et des liaisons entre notes semblables, sont indispensables pour arriver promptement à un bon résultat.

On ne devra commencer l'étude du TABLEAU N° 3, (formules des douze modes transposés)

82

que lorsque les deux tableaux des formules précédentes seront parfaitement sus.

Il ne faut pas omettre de faire précéder l'étude de chacune de ces formules de l'ana_lyse des accords et des modulations qui s'y rencontrent.

Il faut aussi en observer rigoureusement les doigtés.

L'étude et l'analyse du **TABLEAU** N° 4,(exemples des modes transposés) suivront et compléteront ce travail préliminaire auquel on ne saurait donner trop de soin, de zèle et d'application.

Nous pensons qu'alors l'accompagnement, sur le livre noté, des pièces de Plain - chant deviendra possible et même facile, lorsque l'habitude en aura été suffisamment acquise.

Nous avons ajouté un dernier **TABLEAU** N°5, contenant des formules d'accompagne_ment pour le chant des Psaumes, avec les terminaisons les plus usitées et les plus solen_nelles des huit modes *réguliers* et des quatre dits irréguliers.

Les notions élémentaires d'harmonie, qui précèdent cette dernière partie, ne sont pas toutes indispensables pour la forme d'accompagnement du Plain-chant, placé à la partie supérieure, que nous venons d'indiquer.

Ceux qui n'auront pas l'occasion ou le temps de faire une étude sérieuse de la troisième partie de cet ouvrage et qui cependant voudraient y puiser les connaissances indispensa_bles à cet accompagnement, devront s'attacher principalement aux numéros que nous al_lons indiquer de la partie qui traite de l'harmonie.

N° 1. Intervalles consonnants et dissonants, les trois mouvements.

N° 2. Accords tirés de la gamme harmonique, renversements.

N° 3. Tableau des accords, leurs différentes positions.

N° 4. Analyse des accords parfaits majeur et mineur, et de celui de quinte mineure, dit de quinte diminuée.

N° 5. Préparation et résolution des dissonances. Accord de septième dominante et ses renversements; leur résolution.

N° 8. Accompagnement de la gamme majeure placée à la partie supérieure; règle de l'octave.

N° 9. Accompagnement de la gamme mineure placée à la partie supérieure. Varian_te de la gamme mineure.

N° 11. Cadences.

N° 12. Fausses relations.

Dans la première partie il faudra repasser avec soin les numéros *sept*, analyse des in_tervalles majeurs et mineurs; *neuf*, signes alteratifs, tons; *dix huit*, armures en dièzes et en bémols; *vingt et un*, notes tonales et notes modales; *vingt six*, de la transposition etc.

Dans la seconde partie, Théorie du Plain-chant, le *numéro huit*, qui traite de la trans_position des modes du Plain-chant, doit être également l'objet d'une étude toute spéciale.

Comme on le voit, cette quatrième partie ne renferme que des conseils sur l'application des principes et des règles formulés dans les parties qui précédent.

Elle s'adresse aux personnes qui, prenant au sérieux les principes essentiels de la mu_sique, veulent arriver à n'agir qu'en connaissance de cause, et à se rendre compte des mo_yens qu'ils emploient.

Nous ajoutons aux *tableaux à étudier*, que nous avons indiqués précédemment, quel_ques exercices de mécanisme, et des gammes pour ceux qui, n'ayant pas d'autre méthode, et livrés à eux mêmes, seraient embarrassés pour faire le travail préliminaire d'indépen_dance des doigts dont nous avons parlé.

Il est bien entendu que ces exercices et ces gammes devront être étudiés avant les tableaux d'accords, et qu'il ne faut pas craindre de les répéter souvent.

1ᵉʳ TABLEAU.

Premières formules à étudier avant d'accompagner le Plain-chant.

2ᵉ. **TABLEAU**.

Deuxièmes formules à étudier avant d'accompagner le Plain-chant.

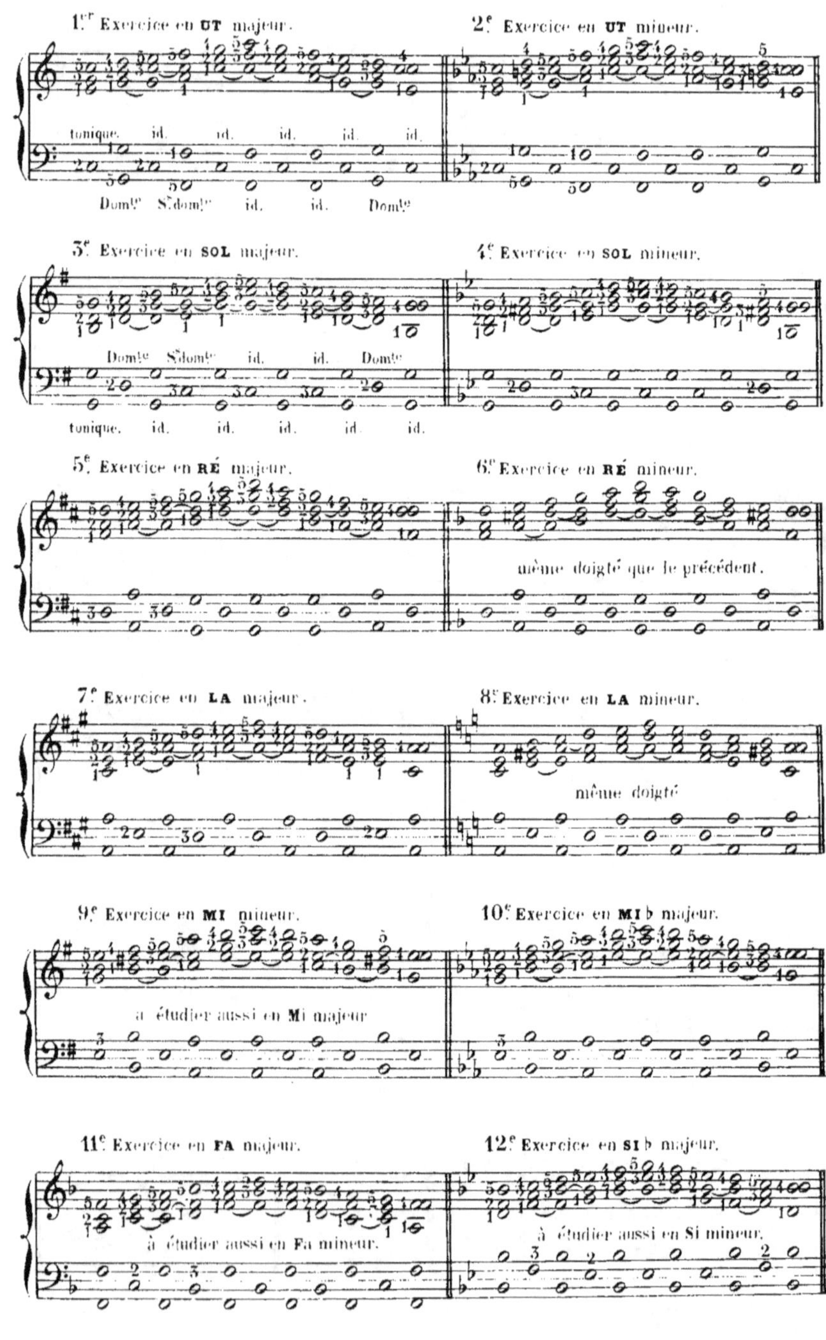

3.ᵉ TABLEAU.

Formules des 12 Modes tranposés. (Dominante SOL)

1ᵉʳ MODE.

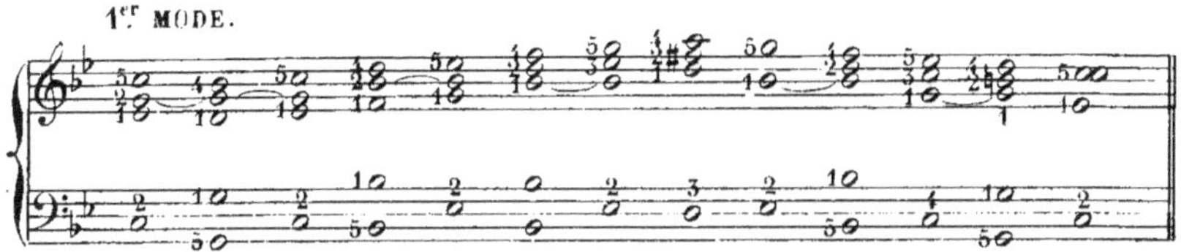

1ᵉʳ MODE. (ancien neuvième)

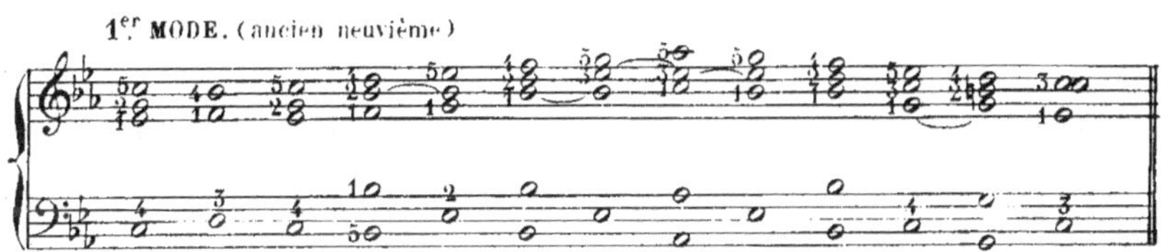

2ᵉ MODE.

2ᵉ MODE. (ancien 10ᵉ)

3ᵉ MODE.

4ᵉ MODE.

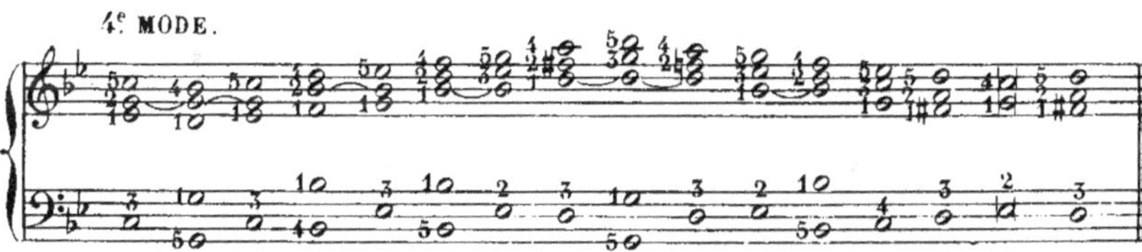

5e MODE.
5e MODE. (ancien 11e)
6e MODE.
6e MODE. (ancien 12e)
7e MODE.
8e MODE.

4. TABLEAU.

Exemples d'accompagnement des huit Modes transposés

7. MODE, en **UT** en **FA** et en **SI** ♭ majeurs.

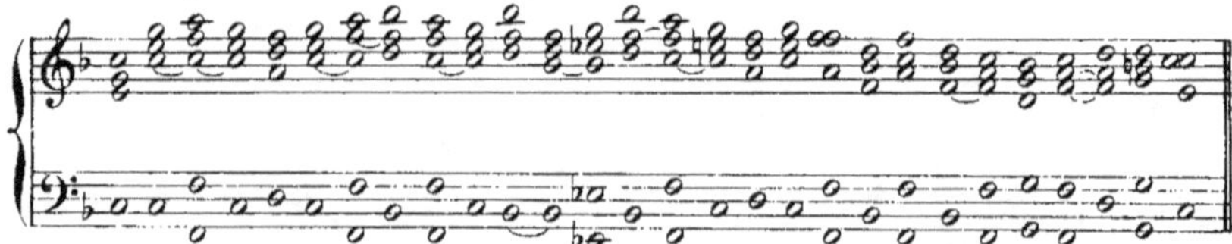

8. MODE, en **RÉ** en **SOL** en **UT** majeurs et en **MI** mineur.

5.ᵉ **TABLEAU**.

accompagnement des douze modes, réguliers et
irréguliers des Psaumes, avec dominante *Sol*.

(le chant est à la partie supérieure)

1.ᵉʳ MODE, régulier.

1.ᵉʳ MODE, irrégulier (ancien neuvième)

2.ᵉ MODE, régulier.

2.ᵉ MODE irrégulier (ancien 10.ᵉ)

3.ᵉ MODE.

4.ᵉ MODE.

5.ᵉ MODE régulier.

5.ᵉ MODE irrégulier. (ancien 11.ᵉ)

6.ᵉ MODE régulier.

7.e MODE.

8.e MODE.

EXERCICES DE MÉCANISME.

pour acquérir l'indépendance des doigts.

Chacun de ces Exercices et des suivants doit être répété jusqu'à ce que les doigt n'éprouvent plus de difficulté à l'exécuter convenablement et dans un mouvement assez vif.

N⁰ 5.
N⁰ 6.
N⁰ 7.
N⁰ 8.
N⁰ 9.
N⁰ 10.
N⁰ 11.

N.⁰ 12.

N.⁰ 13.

N.⁰ 14.

N.⁰ 15.

EXERCICES PAR TIERCES.

N.⁰ 16.

N.⁰ 17.

Nº 18.
Nº 19.
SIXTES.
Nº 20.
GAMME CHROMATIQUE.
Nº 21.

GAMMES MAJEURES.

en **UT** majeur.

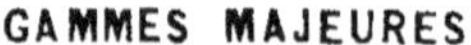

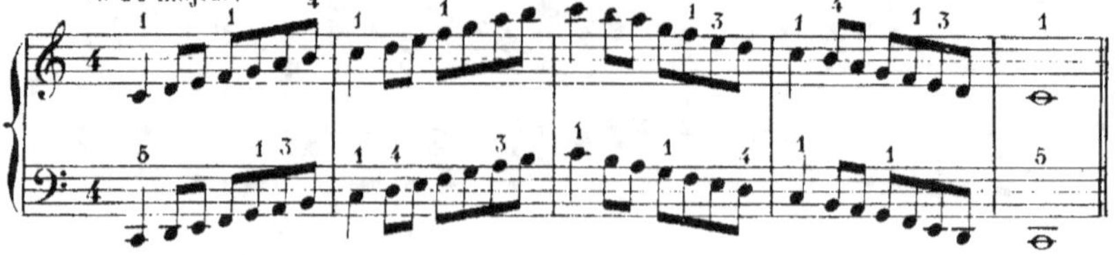

en **SOL** majeur.

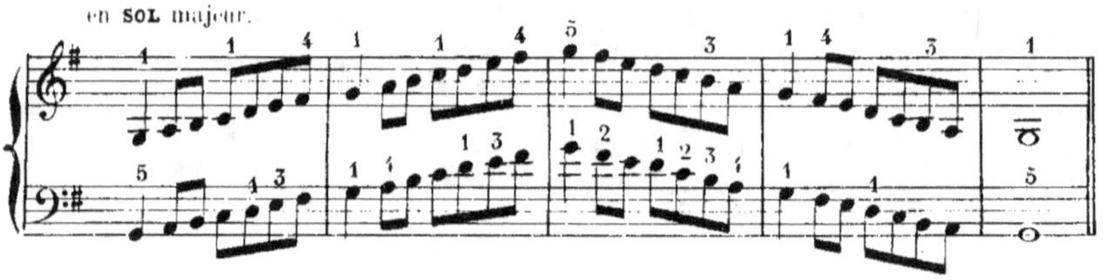

en **RÉ** majeur.

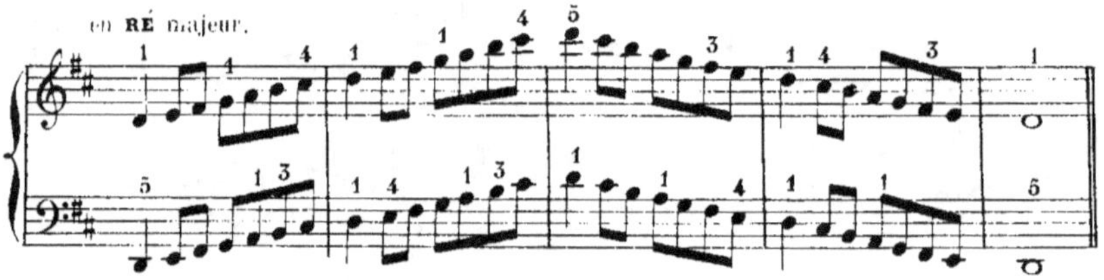

en **LA** majeur.

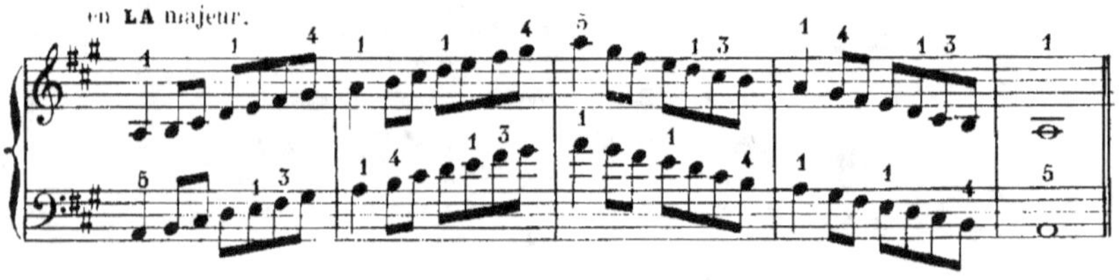

en **MI** majeur.

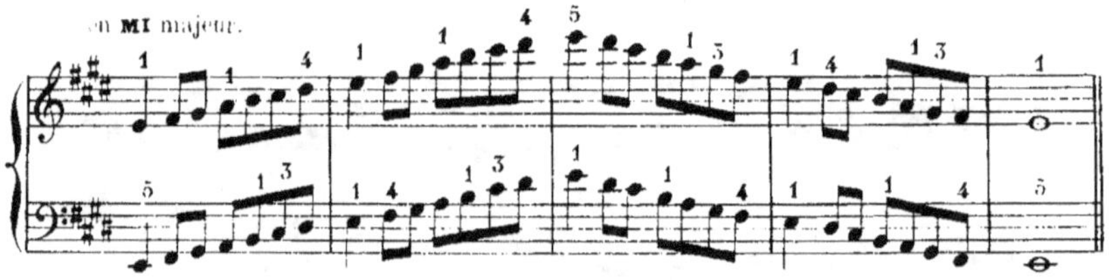

en **SI** majeur. (Enharmonique **UT** ♭ sept bémols à la clef)

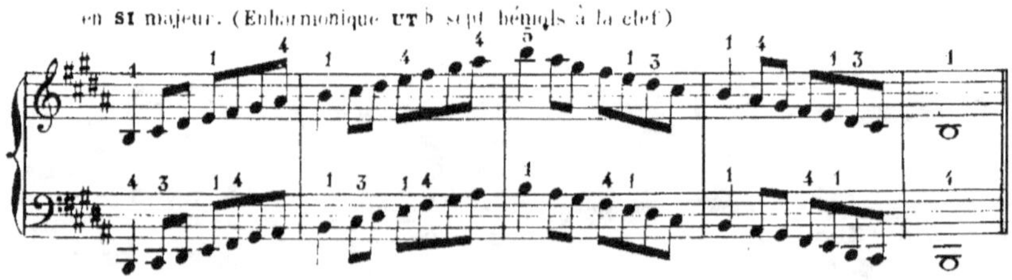

GAMMES MAJEURES.

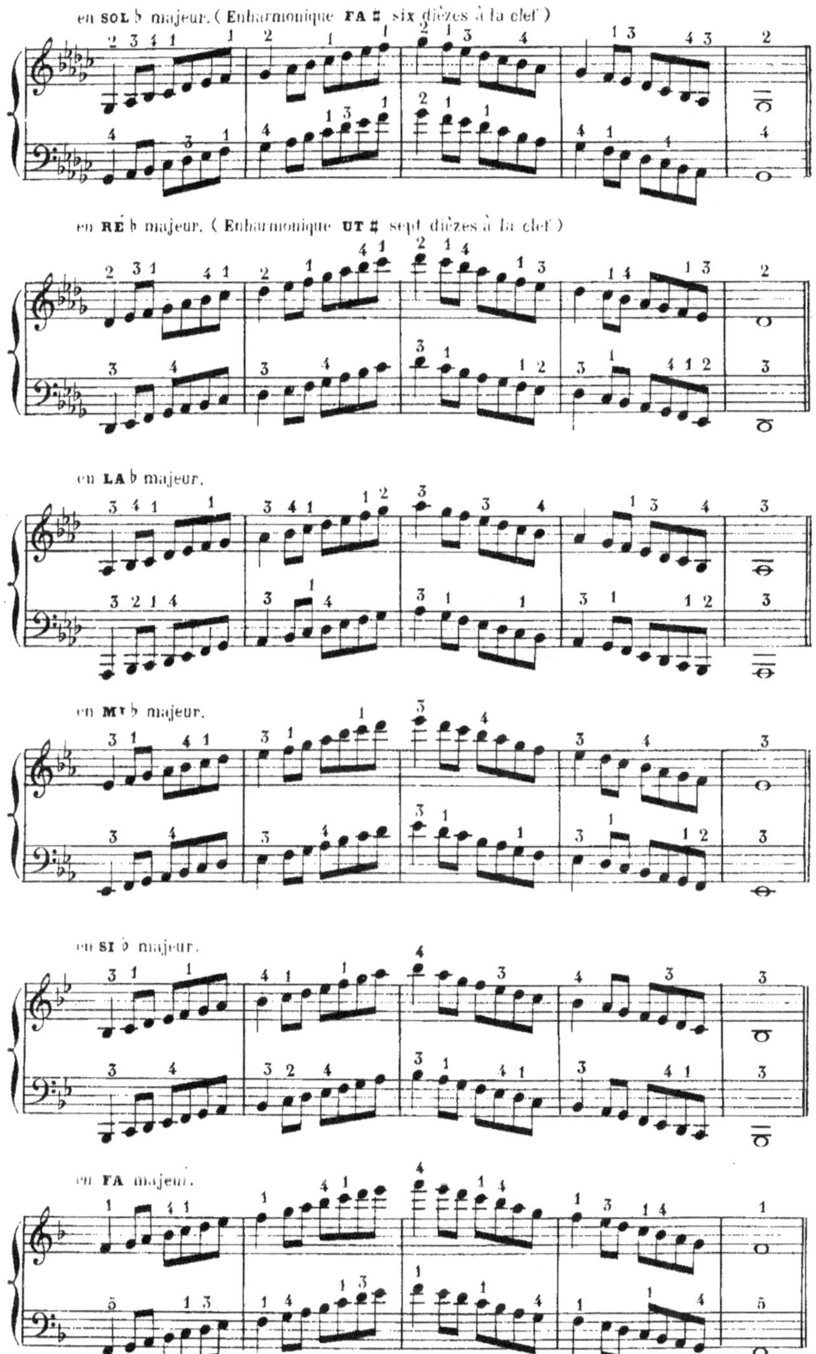

GAMMES MINEURES.

GAMMES MINEURES.

en **MI** ♭ mineur relatif de **SOL** ♭ majeur.

en **SI** ♭ mineur relatif de **RÉ** ♭ majeur.

en **FA** mineur relatif de **LA** ♭ majeur.

en **UT** mineur relatif de **MI** ♭ majeur.

en **SOL** mineur relatif de **SI** ♭ majeur.

en **RE** mineur relatif de **FA** majeur.

ACCORD DES PIANOS.

Il est difficile, à la campagne surtout, de trouver des accordeurs, et cependant le Piano, très répandu de nos jours, et indispensable à toutes les personnes qui s'occupent de composition, ou seulement d'accompagnement subit l'influence des changements atmosphériques et a souvent besoin d'être accordé.

Voici comment on doit procéder:

On commence par accorder le *La* médium de l'instrument en prenant le son du Diapason et l'on fait ensuite ce que l'on appelle la partition qu'il ne faut pas confondre avec ce que l'on nomme ainsi en musique.

Cette partition procède par une succession d'octaves et de quintes et lors_ qu'elle est terminée, il faut que le *Ré* qui fait quinte avec le *La* point de dé_ part et d'arrivée se trouve d'accord avec cette note.

EXEMPLE DE LA PARTITION.

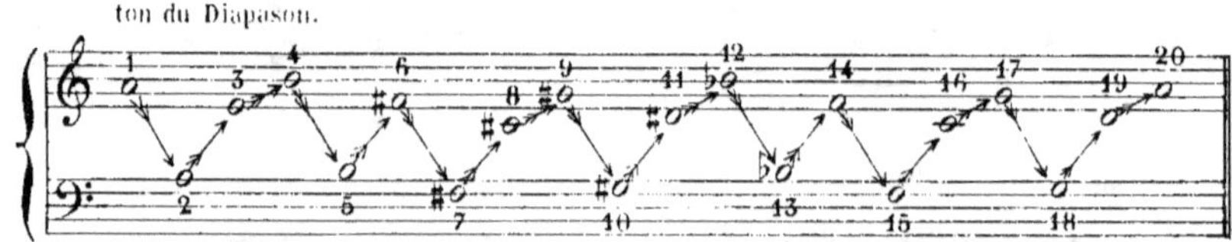

On n'obtient pas de suite, en faisant cette partition un bon résultat, mais l'habitude et la pratique y amènent après des essais répétés.

Le système du tempérament étant la base de la justesse relative des instru_ ments à clavier, il faut, dans le cours de la Partition, accorder les octaves *jus_ tes* et avoir soin que les quintes soient faibles, c'est-à-dire légèrement au des_ sous du ton exact.

Ainsi les quintes *si fa ♯*, *fa ♯ ut ♯*, *ut ♯ sol ♯*, etc. doivent être faibles en rai_ son du tempérament enharmonique, *fa ♯*, *ut ♯*, *sol ♯*, ayant pour enharmoniques, *sol ♭*, *ré ♭*, et *la ♭*.

Avant que la Partition soit terminée, on cherche des preuves en ajoutant à la quinte que l'on accorde, la tierce majeure ou mineure faisant accord parfait, lors_ que cette tierce a déjà été accordée.

Lorsque la Partition est terminée d'une manière satisfaisante, les autres notes du clavier s'accordent par octaves en montant et en descendant.

Les touches du clavier mettent en mouvement un marteau, lequel marteau fait vibrer, en les frappant, les cordes qui produisent les sons; mais comme chaque marteau fait vibrer deux ou trois cordes qui doivent produire l'unisson, il faut se servir d'un étouffoir, tige en bois, longue et mince, garnie de peau à l'une de ses extrémités, que l'on introduit entre deux cordes de manière à en étouffer le son et à ne laisser vibrer que la corde que l'on veut accorder d'abord.

Lorsque cette corde se trouve juste avec l'octave ou la quinte sur lesquelles on s'est basé, elle sert, à son tour, à accorder celles qui doivent compléter l'unisson des deux ou trois cordes de chaque note.

Les chevilles en fer après lesquelles sont fixées les cordes se tournent à droite ou à gauche et font monter ou descendre le son de ces cordes en raison du dégré de tension qu'on leur donne. On se sert d'une clef spéciale pour tourner ces chevilles qui suivant l'ancien système de notation, sont marquées par les lettres a, b, c, d, e, f, g, au milieu desquelles sont intercalés les dièzes de l'échelle chromatique ascendante.
la si ut ré mi fa sol

La clef doit agir avec ménagement afin de ne pas faire casser les cordes en les montant plus qu'il n'est nécessaire et de ne pas donner trop de jeu aux trous dans lesquels sont enfoncées les chevilles.

Le tirage des cordes étant très considérable, lorsque les trous des chevilles s'élargissent, ces cordes se détendent par suite de leur tension et l'instrument ne tient plus l'accord. On peut y remédier en enfonçant un peu plus au moyen d'un marteau les chevilles qui tournent trop facilement sous l'action de la clef.

Les cordes en acier sont de différentes grosseurs et lorsqu'une d'elles se casse il faut pour la remplacer retirer la cheville sur laquelle elle doit être enroulée et s'assurer qu'elle est de même grosseur. Les bobines de cordes d'acier sont numérotées par grosseur. Il en est de même pour les cordes filées c'est-à-dire renforcées par un enroulage de fil métallique.

Gravé par M.ᵐᵉ PREVOST rue de Lancry 34.   Imp. BERTAUTS rue Rodier 57 et 59 Paris.

TABLE DES MATIÈRES.